Einführung

Das Kreuz schmerzt. Die Knie stoßen hart gegen den Vordersitz. Das unablässige Dröhnen der Turbinen nervt. Im Dunkel leuchten die Hinweise auf die Notausgänge und die Monitore auf den Rückseiten der Sitze besonders grell. Noch sieben Stunden bis Santiago, Halbzeit. Unter uns der Atlantik. Ich habe Durst. Ich quäle mich aus dem Sitz, gottlob liegt der am Gang, und ich muss keinen Nachbarn aus dem Schlaf rütteln. Der Platz verführt, wenigstens ein Bein zu strecken, doch nachdem mehrere Toilettengänger darüber gestolpert waren, zog ich es freiwillig wieder in die Ausgangslage zurück.

Im Mittelteil des Flugzeuges steht bereits eine Gruppe Chilenen. Dort ist die Pantry. Die halbe Crew ist durch eine Bodenklappe nach unten gestiegen und schläft »im Keller«. Zwei Stewardessen bleiben zurück und sammeln müde die Plastikbecher in einen Müllsack. In einer Kiste stehen Flaschen und Tetrapaks: Cola, Sprite, Tomatensaft, Wasser, die ganze an Bord übliche Kollektion. Jeder kann sich bedienen, so oft er mag. Auch aus der Kiste Häagen-Dazs. Als das Eis am Stiel jedoch vertilgt ist, kommt kein voller Karton nach, die Stewardessen lächeln und zucken mit den Achseln. Das hat etwas Realsozialistisches: Wenn's alle ist, ist eben nichts mehr da.

Man steht, trinkt, quatscht oder schweigt, lutscht Eis oder schaut durchs Fenster in die Nacht. Hauptsache, die Knie sind durchgestreckt, damit das Blut zirkulieren kann. Margot Honecker war nur wenig älter, als ich es jetzt bin, als sie nach Chile flog. Unfreiwillig. Auf der

Vierzehn Stunden in einer engen, dunklen Airbus-Röhre

Flucht sozusagen. Erst obdachlos in der DDR, dann vertrieben aus Moskau, damit ihr Mann vor ein deutsches Gericht gestellt werden konnte. Sie selbst reiste weiter zur Familie der Tochter nach Südamerika. Dort lebt sie nunmehr seit fast zwei Jahrzehnten. Nahezu ein Viertel des Lebens im Exil.

Ich habe sie noch nie getroffen. Als ich zur Schule kam, 1958, wurde sie stellvertretende Volksbildungsministerin. Erstmals traten wir schriftlich in Verbindung, als ich 1994 Honeckers »Moabiter Notizen« verlegte. Wir wechselten seinerzeit einige Briefe, dann riss die Verbindung ab. Jahre später kam sie mit Hilfe des Internets neuerlich zustande. Mal wechselten wir täglich einige Mails, mal lagen Wochen dazwischen. Aus den Themen war ersichtlich, wie aufmerksam sie die Vorgänge in Deutschland und in der Welt verfolgte. Ihre Analyse war stets klar und kurz, kein Wort zuviel, keins zu wenig. Immer auf den Punkt.

Manchmal, so schien mir anfangs, war ihr Urteil nicht von dieser Welt. Sie sitzt da hinter den Anden und hat keine Ahnung, wie das Leben hier ausschaut, meinte ich: Sie hat da leicht reden. Irgendwann allerdings merkte ich, dass der Blick aus der Ferne keineswegs unscharf war. Im Gegenteil: Der Fokus richtete sich aufs Wesentliche, unscharf wurde allenfalls das Nebensächliche. Die Details, dieses flirrende Drumherum, fiel weg, worin unsereiner ertrank. Es geschah das Gegenteil von dem, was der Volksmund mit der Redensart beschreibt, man sehe den Wald nicht mehr vor lauter Bäumen. Eine probate Praxis übrigens, mittels unendlicher Differenzierung und Beschreibung einer Erscheinung deren Wesen aus dem Blick geraten zu lassen. Wie bunt und plural ist doch unsere moderne Gesellschaft. Aber kaum einer nimmt wahr, dass es sich um Kapitalismus handelt, dessen Fundament Ausbeutung, Unterdrückung und Bevormundung heißt. Als dieses System unverkennbar in seine Existenzkrise geriet, nannten selbst jene, die bis dato beschönigend von sozialer Marktwirtschaft gesprochen hatten, das Kind wieder beim Namen, ohne jedoch seinen Charakter zu erkennen oder gar zu verändern.

Nein, Margot Honecker äußerte stets ein dezidiertes Urteil zu politischen Vorgängen, wenn man sie um ein solches bat. Doch mit Auskünften über ihre frühere Tätigkeit hielt sie sich auffällig zurück. Kein Kommentar zu der hiesigen Misere, die mit der sogenannten PISA-Studie offenbar wurde. Im Jahr 2000 waren erstmals Schulleistungen untersucht worden in den Mitgliedsstaaten der OECD, jener Vereinigung von 34 Staaten, die sich der Demokratie und Markwirtschaft verpflichtet fühlen, wie es heißt, also die wichtigsten kapitalistischen Staaten weltweit (darunter übrigens auch Chile). Dieses

Programm zur internationalen Schülerbewertung, deren englische Bezeichnung zum Akronym PISA wurde, ließ auch die Volksrepublik China zu. Die Prüfung erfolgte seither alle drei Jahre. Auch bei der jüngsten 2009 waren die chinesischen Schüler bei den drei Kriterien (Mathematik, Naturwissenschaften und Leseverständnis) erneut Spitzenreiter, das aber nur nebenbei.

Deutschland hingegen rangierte 2000 weit abgeschlagen im Mittelfeld, was ein deutlicher Hinweis auf die Qualität der Schule war. Dazu kam von der ehemaligen deutschen Volksbildungsministerin Honecker kein öffentliches Wort. Und dabei bescheinigten diese Untersuchungen ihr nachträglich indirekt, dass sie damals sehr gute Arbeit geleistet hatte. Spitzenreiter bei den OECD-Ländern nämlich war Finnland – und deren Bildungspolitiker und Pädagogen hatten in den 70er Jahren das Volksbildungssystem der DDR studiert und anschließend vieles davon übernommen. Das hatte sich, wie die PISA-Studien bewiesen, offensichtlich bezahlt gemacht.

In Deutschland hingegen leckte man sich nach Veröffentlichung der ersten PISA-Studie die Wunden. Man sprach und schrieb von einer Bildungskatastrophe, vom »PISA-Schock«, was wie »Sputnik-Schock« klang (und wohl auch von einigen so gemeint war: als Niederlage im Kalten Krieg), Bildungspolitiker gelobten Besserung und einige CDU-Kultusminister erwogen öffentlich, aus der PISA-Studie auszusteigen. Margot Honecker schwieg eisern, und auf Nachfrage antwortete sie, dass sie damals dazu gesagt habe, was zu sagen gewesen wäre, sie müsse sich nicht wiederholen. Möglicherweise wollte sie sich nicht als Besserwisserin, bar eines Amtes, hervordrängen. Oder, auch das legte ihr Schweigen nahe, sie hatte mit diesem Teil ihres Lebens abgeschlossen.

Ausgebucht. Kein freier Platz in der Air France

Irgendwann schrieb ich ihr, warum sie mich nicht einlüde, damit man sich darüber mal ausführlich unterhalte. Es gebe hierzulande nicht wenige, die an ihrer Meinung interessiert wären. Darauf reagierte sie umgehend. Sie würde sich immer über Besuch aus der Heimat freuen, ich sei willkommen.

So war ich denn von Berlin nach Paris geflogen und dort in einen ausgebuchten Airbus der Air France gestiegen, der nach 14 Stunden und ohne Zwischenstopp in Santiago de Chile landen sollte.

Die meisten Reisenden kommen erkennbar aus dem Andenland. Ausgewanderte und Kinder von Exilanten, wenige Geschäftsreisende und Vermögende, die im vorderen Teil ihre Beine in der Business Class strecken, Familien mit quengelnden Kleinkindern, deren Väter unablässig die Gepäckklappen betätigen, um dieses oder jenes Spielzeug in den Tiefen der vollgestopften Ablage zu finden. Dann endlich kehrt Ruhe ein.

Das TV-Angebot auf den verschiedenen Kanälen ist international und abgehangen. Man kann US-Filme auf Chinesisch und Mr. Bean auf Russisch sehen, es gibt französische, englische und auch deutsche Synchronisationen. Alternierend kann man sich auch Musik auf die Kopfhörer schalten: Rock und Pop, Jazz und Klassik, Bach, Beethoven und Brahms – alles dabei.

Bach spielte in der Schulzeit eine große Rolle, der alte Bach wie Sohn Carl Philipp Emanuel, dessen Exempel aus seinem »Versuch über die wahre Art das Clavier zu spielen« zum Repertoire jedes Musiklehrers gehörte. »Air« von Johann Sebastian Bach stand ganz oben in der Hitparade, keine feierliche Ehrung auf dem Schulhof ohne die konzertante Fassung dieser anrührenden, aber doch einfachen Melodie, die mit Wucht ins Ohr drang. Ich erinnere mich einer FDJ-Veranstaltung in der sowjetischen Gedenkstätte in Berlin-Treptow zu abendlicher Stunde, als aus hunderten Boxen die getragene Weise über das Areal schwebte und uns Jugendlichen ins Herz traf. Da bedurfte es keiner feierlichen Reden mehr, um zu erklären, was Humanismus, Freundlichkeit und Nächstenliebe bedeuteten.

An meine Musiklehrer erinnere ich mich weitaus schwächer als an meine erste Lehrerin. Frau Gründger, inzwischen etliche Jahre tot, war ein mütterlicher Typ, auch hinsichtlich ihres Umfangs. Eine Seele von Mensch, warmherzig und verständnisvoll. Die Schule grenzte an den alten Gottesacker und an unser Anwesen, die wichtigsten Einrichtungen des Dorfes – Kirche, Schule, Pfarrhaus – konzentriert auf wenigen Quadratmetern, und das seit Jahrhunderten.

Die Aufnahme der Erstklässler in die Pionierorganisation war ein Höhepunkt im Dorfleben, ich glaube, sie fand am 13. Dezember statt, dem Pioniergeburtstag. Die

Organisation war zehn Jahre zuvor, 1948, gegründet worden. Der feierliche Akt erfolgte in Kresses Kneipe, links und rechts und an der Stirnseite des Tanzsaals standen lange Tische, an denen mindestens die Hälfte der Dörfler saß. Die Schüler der ersten Klasse, siebzehn an der Zahl, wurden nacheinander auf die Bühne gerufen, wo ihnen unter dem Beifall des ganzen Saales die Pionierleiterin an der Schule, eine Lehrerin, das blaue Tuch umband. Nach und nach lichteten sich an unserem Tisch die Reihen. Bis nur noch einer sitzen blieb. Mir schien, als richteten sich nunmehr alle Augen im Saal auf mich, ich wollte vor Scham im geölten Holzfußboden versinken. Ich fühlte mich gleichsam aus der Gemeinschaft ausgeschlossen, weil mein Vater seine Zustimmung verweigert hatte, dass sein Sohn Pionier wurde. Es war das einzige Mal während meiner ganzen Schulzeit, dass ich eine solche Ausgrenzung erfuhr. In den folgenden acht Jahren fand Vergleichbares nicht mehr statt. Ob mit oder ohne Tuch: ich gehörte dazu.

Die Schule war eine Polytechnische Oberschule und nach Adolf Hennecke benannt. Sein Bild hing in dem kleinen Foyer. Links und rechts befanden sich zwei größere Klassenräume, im Obergeschoss drei kleinere und das Lehrerzimmer. Das war bis zum Sommer vor meiner Einschulung die Wohnung des Schulleiters. In den Ferien hatte er sich mit Frau und zwei Töchtern in den Westen abgesetzt, niemand wusste zuvor davon, aber richtig traurig war keiner, denn plötzlich hatte die Schule mehr Unterrichtsräume. Einige Klassen mussten nun nicht mehr ans Ende des Dorfes ins Jugendheim ziehen, das als Schulaußenstelle missbraucht wurde. Die Jugendlichen des Dorfes hatten, unter der blauen Fahne, aus einer ehemaligen Wassermühle einen Treffpunkt hergerichtet.

Dort stand auch der erste Fernsehempfänger des Dorfes. Mein erstes TV-Erlebnis war eine Live-Übertragung von der Friedensfahrt, dem weltgrößten Amateurradrennen der Welt. Zugegeben, von hinten – dorthin wurden die jüngsten Zuschauer verbannt – sah man nicht viel auf dem winzigen Bildschirm, der in der Diagonale vielleicht dreißig Zentimeter maß. Doch das Flackern des Bildes, was oft zusammenbrach, weil die Übertragung aus dem Hubschrauber ein technisches Problem bedeutete, welches man offenkundig noch nicht beherrschte, die anfeuernden Rufe des Publikums, die rasenden Kommentare, dazu die markante Friedensfahrtfanfare: Das hatte Atmosphäre.

Nun ist es durchaus üblich, dass in der Rückschau Kindheit und Jugend überall und zu allen Zeiten meist in rosigem Lichte erscheinen. Deren Ende gleicht darum dem Auszug aus dem Paradies. Trotzdem: Die acht Jahre an der POS empfinde ich unverändert als eine angenehme Zeit, die Pioniernachmittage – obgleich ich doch nicht das blaue Halstuch trug – waren abwechslungsreich und spannend. Wir sammelten gemeinsam Schrott und Altpapier, im Herbst Kastanien und Eicheln. Das Geld kam in die Klassenkasse, wovon wir uns einen Ausflug in die Leipziger Oper leisteten oder eine Ferienwoche in der Dübener Heide. Einmal in der Woche baute der Landfilm seine beiden Projektoren bei Kresse auf, für 25 Pfennige gab es einen Kinderfilm, am Abend einen für die Erwachsenen. Wir unternahmen Schnitzeljagden und Geländespiele, übernachteten in selbsterrichteten Buden oder Zelten, an Wochenenden trieben wir die LPG-Kühe von einer Weide zur nächsten, wofür es 1,25 Mark pro Nase gab. Das stach dem Pfarrer, meinem Vater, in seine Nase, weil doch zur selben Stunde am Samstag die Christenlehre stattfand und er seine Schäfchen vermisste. Darauf sprach er mit dem LPG-Vorsitzenden und der änderte den Umsetzungsplan des Viehs.

Überhaupt hatte der Verkehr der weltlichen und der geistlichen Obrigkeit im Dorf einen Anflug von Don Camillo und Peppone, die beiden Helden aus den Romanen von Giovannino Guareschi, der katholische Priester und der kommunistische Bürgermeister. Die beiden, während des Krieges Partisanen, rauften und regierten miteinander in einem italienischen Ort. Sie wollten beide soziale Probleme lösen, und entsprechend ihrer Überzeugung gingen sie dabei unterschiedlich vor, was zu Konflikten führte. Aber sie (und vor allem die Leser) begreifen, dass sie einander näher sind, als sie es wahrhaben wollen. Die Bücher gab es nicht in der DDR, mein Vater hatte sie in Westberlin gekauft, sie gehörten zu meiner Lieblingslektüre in jener Zeit. In den 50er Jahren wurden fünf Filme mit Fernandel produziert, sie liefen in den 60er Jahren im Westfernsehen. So wurden sie hier auch einem größeren Publikum bekannt. Und wenn ich es recht bedenke, behandelte der 1988 produzierte DEFA-Film »Einer trage des anderen Last« von Lothar Warneke das gleiche Thema: Wie kommen Christen und Kommunisten miteinander klar.

Unser Bürgermeister war ein ehemaliger Bergmann aus dem Oelsnitzer Revier, mein Vater Don Camillo. Sie einigten sich stets auf wundersame Weise, der Klassenkampf ruhte, wenn es ums dörfliche Gemeinwohl ging. Sie zofften sich aber, wenn die Anzeigenannahmestelle in der Kreisstadt die Veröffentlichung von Dankesworten reich beschenkter Konfirmanden ablehnte oder wenn das Blatt titelte: »Ohne Gott und Sonnenschein bringen wir die Ernte ein«. Sie warben jedoch gemeinsam für unbezahlte Arbeit im Nationalen Aufbauwerk (NAW), als eine neue Friedhofskapelle errichtet wurde. Und sie paktierten wohl auch miteinander, als es um meine Delegierung an die Erweiterte Oberschule (EOS) ging. Zur gleichen Zeit wollten drei Pastorensöhne aus dem Kreis dort das Abitur machen. Alle drei waren weder Pioniere noch Mitglied der FDJ, was man gemeinhin in der 7. Klasse, also mit 14, wurde. Drei ohne Blauhemd: das war bereits eine Fraktion! Die mochte man an der EOS »Ernst Schneller« nicht. Herr Pfarrer, soweit kommt's noch, dass ihr Sohn nicht studieren kann. So nutzte Peppone mit dem Parteiabzeichen seine Kanäle, und der DDR-Don Camillo suchte den Landesbischof auf. Am 1. September 1966 saß ich auf meinem Stühlchen auf der »Penne«. Im bunten Hawaihemd, während alle anderen Blau trugen.

Die acht Jahre an der POS waren eine gute Zeit. Wir wurden behütet, und Markenartikel gab es nicht, um die ein Wettstreit geführt wurde. Im Unterrichtstag in der Produktion (UTP) »arbeiteten« wir im Kälberstall der LPG oder fertigten in der Werkstatt Aschekästen für Kachelöfen, die sachkundig von Fachlehrern begutachtet wurden. Weil beim Feilen Metallspäne flogen, gab es einen halben Liter Milch gratis.

Selbst die Fahnenappelle fand ich weder störend noch unnütz. Vor Unterrichtsbeginn – ich weiß nicht mehr wie häufig, ob regelmäßig oder sporadisch – sortierten wir uns klassenweise im Geviert: links die Erste bis Dritte, vis-à-vis von Direktor, Pionierleiterin und Lehrer standen die Klassen vier bis sechs, und rechts die Großen, die 7. und 8. Klasse. »Für Frieden und Völkerfreundschaft: Seid bereit!« schmetterte die Freundschaftsratsvorsitzende, und unisono antworteten alle: »Immer bereit!« Dann sprach der Direktor zu den schulischen Verpflichtungen und irgendwas zur aktuellen Lage oder der internationalen

Politik. Am 14. August 1961 hat er nichts gesagt, da waren Ferien. Meine Mutter ließ daheim die Wanne voll Wasser laufen. Jetzt gebe es bestimmt Krieg, sagte sie, das brauchen wir wegen der Brandbomben. Der letzte Krieg lag erst sechzehn Jahre zurück, da war manches noch in lebhafter Erinnerung.

Die Appelle schienen eine Art Hochamt zu sein, bei dem wir Schüler motiviert wurden für die Woche. Unangenehm war lediglich, wenn man nicht zum Empfang einer Belobigung oder Auszeichnung nach vorn gerufen wurde, sondern wenn es einen Tadel setzte. Wenn jemand Mist gebaut hatte, stand er vorn am Pranger. Die Neigung, dort stehen zu müssen, war verständlicherweise nicht sehr ausgeprägt und schützte vor Dummheiten.

Doch auch in solchen Fällen gab es Frau Gründger und andere Lehrer, die anschließend den Delinquenten in den Arm schlossen und an ihr weites Herz drückten.

Die nachrückende Lehrergeneration, noch ein wenig unsicher und vom Ehrgeiz durchdrungen, positiv aufzufallen (was ja wohl in jedem Gewerbe zu beobachten ist), also die mehr machten, als von ihnen gefordert wurde, waren da schon ein wenig anders. Mitte der 60er Jahre wurde den »Gammlern« der Kampf angesagt. Zunächst in der Bundesrepublik. Damit wurden die Langhaarigen bezeichnet, die den Pilzköpfen aus Liverpool folgten, den Rolling Stones und wie diese ungewaschenen Zottelköppe hießen, die diese schräge, laute Musik machten, sich dem Müßiggang und dem Laster hingaben. Die Musik war auch in der DDR zu hören, und folglich war man auch hier der Meinung, dass man gegen »Gammler« etwas unternehmen müsse. Da wiesen die Reflexe der Obrigkeit in beiden deutschen Staaten eine verdammte Ähnlichkeit auf.

Wer lange Haare trüge, würde es auch sonst mit der Körperhygiene schleifen lassen, lautete der Kurzschluss in manchem Lehrerhirn. Eine von den neuen Pädagogen – Jahre zuvor hatten wir noch miteinander gespielt – holte tatsächlich einen aus unserer Klasse nach vorn und forderte ihn auf, seine Socken vor unser aller Augen auszuziehen. Sie wolle kontrollieren, ob er sich die Füße gewaschen habe, begründete sie ihre Aufforderung.

Nun war gegen Kontrollen der Sauberkeit prinzipiell nichts einzuwenden, doch nicht auf diese beleidigende Weise und mit einer solch hanebüchenen Begründung. Der Vater des Kontrollierten protestierte noch am gleichen Abend, weil er meinte, das ginge nicht gegen seinen Sohn, sondern gegen die Familie, die es angeblich mit der Hygiene nicht so genau nehme, und auf der nächsten Elternversammlung wurde der etwas nassforschen und übereifrigen Neulehrerin ordentlich der Kopf gewaschen. So etwas wiederholte sich nie mehr.

Das war das einzig wirklich ärgerliche Erlebnis in acht Jahren an der POS, welches ich noch immer nachtrage. Nicht eben viel, wenn ich's bedenke.

Keinen Lehrer habe ich wütend aus meinem Gedächtnis tilgen müssen, kein Schuft und Anscheißer war darunter, niemand, der schuriegelte oder uns zu tausendprozentigen Patrioten meinte machen zu müssen. Sie formten uns mit sanfter Güte und verlässlichen wie wirksamen pädagogischen Mitteln. Nein, das war auch in der Rückschau keine Idylle, aber wir waren behütet und lernten fürs Leben, nicht für die Schule. Ich entsinne mich mehrerer Trainingsrunden, die der Schulleiter mit mir drehte, als ich mich auf die Mathematik-Kreisolympiade vorbereitete. Wir standen uns nicht sonderlich nahe, sein Amt und meine Herkunft sorgten für eine gewisse Distanz.

Doch wie er mit mir Zahlen und Formeln durchging, geradezu väterlich diesen oder jenen Lehrsatz mit mir erörterte, frei von irgendwelchem ideologischen Schnickschnack und dergleichen – das nahm mich sehr für ihn ein und blieb am Ende haften. Noch Jahrzehnte später ließ er, inzwischen verzogen und nicht mehr gesund, Grüße über Dritte an mich übermitteln. Von gleicher Anhänglichkeit und Treue waren auch andere.

Gewiss erfuhren und erfahren dies auch viele andere Schüler in anderen Teilen der Welt, das muss nichts Besonderes bei uns gewesen sein, es zeigt aber die Normalität, die hierzulande im Umgang miteinander vorherrschte.

An der Erweiterten Oberschule war es im Prinzip ähnlich. Ein Teil der Schüler lebte im Internat, der andere trampelte täglich mit dem Rad zum Unterricht. Dann kamen die Mopeds, ab 16 die Motorräder, und mancher Abiturient fuhr, als er die 18 überschritten hatte, zu den Prüfungen mit dem Wagen des Vaters vor. Der Sohn des Tierarztes zum Beispiel. Er war strunzdoof und ein Großmaul, und eigentlich hätte man ihn feuern müssen, doch mit dem Veterinär wollte man es sich nicht verderben. Mediziner, egal ob die fürs Vieh oder die Menschen, schien man in Watte zu packen. Damals meinte ich, es wäre die Ehrfurcht vor dem weißen Kittel, später begriff ich, dass das Trauma von vor 1961 nachwirkte: Ärzte waren Nestflüchter. De mortuis nihil nisi bene, über die Toten nur Gutes: G. war der erste aus der Klasse, der von uns ging.

Dreihundert Meter entfernt von der Oberschule befand sich der Jugendwerkhof. Die Mauer der Anstalt war zugleich die Begrenzung des Gartens meines Schulfreundes T., in welchem wir im Sommer oft saßen. Was dahinter geschah, entzog sich unserer Kenntnis, wir hörten nur, dass hin und wieder Eltern ihre pubertierenden Kinder abgaben, weil sie mit ihnen nicht klar kamen. Im Flachglaskombinat, wo wir eine Facharbeiterausbildung absolvierten, mit rund fünftausend Beschäftigten der größte Betrieb in Torgau, lernte ich Ehemalige aus dem Jugendwerkhof kennen. Sie hatten in jener Zeit einen Beruf erlernt, inzwischen Familien gegründet und ein Nest gebaut und lebten ein normales Leben. Über dieses Kapitel redeten sie allenfalls, wenn man darauf zu sprechen kam. Hab' Scheiße gebaut, da bin ich eben eingerückt. Diese Zeit war für sie abgeschlossen, sie lag begraben und vergessen hinter ihnen. (Monate vor dem Flug nach Chile sah ich in Portugal ein altes Kloster, dessen Fenster vergittert waren, und auf den Mauerkronen wand sich Stacheldraht. Bei näherer Betrachtung erwies sich der Bau als Anstalt für schwer erziehbare Jugendliche.)

Die Pädagogen an der EOS waren durch die Bank liebenswerte Leute, einzig den Sportlehrer mochte ich nicht: Zweimal in der Woche hetzte er uns durchs Glacis, was ich aufgrund fehlender Begabung hasste. Allein deshalb sah ich den Schinder lieber von hinten als von vorn, und wenn am Donnerstag die letzte Sportstunde endete, war für mich die Woche gelaufen. Bis Montag hatte ich Ruh. Später, als ich bei der Armee war, dankte ich ihm, denn ich schaffte alle Normen und Vorgaben, was mir ohne seine Quälerei gewiss nicht gelungen wäre. Und wüsste ich, wo sein Grabstein steht, würde ich Blumen niederlegen, denn dass ich seither keinen Tag im Krankenhaus zubringen musste und außer gelegentlichem Schnupfen sonst keine Gebresten vorweisen kann, geht wohl auch auf sein Konto ...

Als wir die Kordilleren überfliegen, blitzt die Sonne durchs Fenster. Rotglühend verschießt sie Strahlen über

Sonnenaufgang in 12.000 Metern Höhe über den Anden

die mit Eis und Schnee bedeckten Gipfel, manche sind bis zu siebentausend Meter hoch. Von Alaska bis Feuerland, an die 15.000 Kilometer weit, zieht sich der Welt längstes Faltengebirge hin, an manchen Stellen ist es zweieinhalbtausend Kilometer breit: Was sind die Alpen gegen die Anden?

Im Flugzeug wird es langsam lebendig. Vor den Toiletten herrscht Gedränge. Decken, Kissen, Augenklappen und Kopfhörer türmen sich in den Reihen und auch in den Gängen. Die Stewardessen beginnen Einreiseformulare zu verteilen. Das ist zum einen eine Art Zählkarte, wie es sie in der DDR gab, und zum anderen ein Zollformular.

Sobald die Kordilleren passiert sind, beginnt der Sinkflug. Santiago liegt gleich dahinter. Hauptstadt in jeder Hinsicht: Hier leben sechseinhalb Millionen Chilenen. Nimmt man noch die anderthalb Millionen aus der zweitgrößten Stadt hinzu, Valparaiso, ist das bereits die

Hälfte der Landesbevölkerung. Und die verteilt sich auf einen Streifen von über viertausend Kilometern Länge und etwa zweihundert in der Breite. Eine erstaunliche Geografie.

Es ist früher Morgen, als die Maschine aufsetzt. Langsam leert sich das Flugzeug, nachdem es angedockt hat. Das Flughafengebäude hat die Größe von Schönefeld zu DDR-Zeiten. Selbst der strenge, prüfende Blick der Grenzpolizisten erinnert an die DDR. Fehlte nur noch die Aufforderung: Machen Sie mal Ihr linkes Ohr frei! Reisende bestimmter Länder müssen durch eine andere Schleuse. Der Australier, der neben mir saß, wird herausgewunken. Hinterher, als wir auf das Gepäck warten, wird er mir sagen, dass er 50 US-Dollar habe bezahlen müssen. Warum weiß er auch nicht. Zwangsumtausch sozusagen.

Als das Förderband die ersten Gepäckstücke aus der Tiefe des Terminals ausspuckt, marschieren Uniformierte auf. Einer hat einen Schäferhund dabei, den er über das Band schickt. Manche Koffer haben die Größe eines Kleiderschranks. Nach und nach wandern alle zum Zoll. Die Gepäckstücke werden neuerlich durchleuchtet, fast jeder Zweite muss seinen Koffer öffnen. Eine Frau um die 70 zetert. Sie saß in meiner Reihe und hatte – obgleich auf den Einreiseformularen das Verbot ausgesprochen war, dass keine Lebensmittel eingeführt werden dürften – die Reste ihres üppigen Air-France-Frühstücks in einer Plastiktüte verstaut. Der Zöllner verlangt, dass sie den Inhalt derselben in die bereitstehende Tonne entsorgt. Sie weigert sich. Der Uniformierte lässt sie nicht passieren. Die Chilenen hinter ihr fordern sie auf, den Beutel endlich wegzuwerfen und weiterzugehen. In die ohnehin laute Bahnhofshalle mit dem halben Dutzend Zollschleusen schwappt das Geschrei von Frauen und Männern, die Schilder schwenken. Sie bieten Taxifahrten in die Stadt an. Margot Honecker hatte mich vor ihnen gewarnt, dass seien Wegelagerer. Draußen, vor dem Gebäude, stauen sich Hunderte Taxis. Die Preise, die sie fordern, sind nicht weniger gering als die der Marktschreier. Beim dritten beginne ich zu feilschen. Bei 15.000 Peso steige ich ein. Das sind um die 30 Euro. Soviel zahle ich auch bis Tegel. Das Geld gebe ich nicht dem Fahrer, sondern einem Posten am Ende der Ladepiste. Kurze Wortwechsel, prüfender Blick. Das ist erkennbar organisiert. Mafia?

Nach einer halben Stunde etwa erreichen wir das Hotel. Es liegt unweit der Moneda und dem Hauptgebäude der Universität. Die Studenten protestieren seit Monaten gegen die Studiengebühren, nachdem die Schüler als erste auf die Straße gegangen waren. Auch diese haben in jedem Monat eine bestimmte Geldmenge

Nach Santiago de Chile geradeaus

Der Amtssitz des chilenischen Präsidenten, die Moneda

zu entrichten. Seit der Pinochet-Junta wurden die Schulen privatisiert oder ins Eigentum der Kommunen überführt. Manche sind so arm, dass sie trotz Schulgeld nicht einmal die Lehrer bezahlen können. Die Privatschulen gehören oft konservativen Politikern oder deren Strohmännern, da liegt der Verdacht der indirekten Parteifinanzierung auf der Hand.

Der Präsidentenpalast, im September 1973 von den Putschisten bombardiert, trägt keine Narben. Er leuchtet weiß in der Morgensonne. Der Palast wird umsäumt von hoch aufragenden grauen Klötzen, den Ministerien. Gäbe es nicht das Standbild von Präsident Allende, dessen Errichtung von seiner Nachfolgerin Michelle Bachelet (2006-2010) veranlasst worden war, erinnerte nichts an die drei Jahre der Unidad Popular. Selbst den Seiteneingang, den Allende benutzte, haben sie zugemauert.

Am Hotel fließt der Verkehr auf acht Spuren vorüber. Es ist laut, aber nicht lärmend. Auf den breiten Bürgersteigen eilen Menschen dahin, die Schuhputzer lesen Zeitung und rauchen eine Zigarette, aus den Pappkartons in den Hausnischen erheben sich die Obdachlosen, die Bettler streben an Krücken den Ampelkreuzungen zu, der Tag erwacht. Nach einer Dusche geht es mit dem Taxi an den östlichen Stadtrand. Am Ende einer langen Straße, in Sichtweite der Berge, wohnt Margot Honecker. Das Haus gehört zu einer der dort üblichen Communities, es ist das kleinste von acht Gebäuden, die sich um einen Pool gruppieren. Und ohne sie, die am Tor wartet, wäre ich nicht hineingekommen, denn an der Pforte steht ein kräftiger Chilene in Jogginghosen, der Fremde nicht passieren lässt.

Alles andere ist unerheblich. Wir wollen über die Volksbildung sprechen, über die Arbeit Margot Honeckers als Ministerin der DDR. Und nur darüber.

Margot Honecker, September 2011

Wie wird man Ministerin?

Wir könnten vermutlich mit dem ersten Satz in Hermann Kants Roman »Das Impressum« beginnen, der da lautet: »Ich will aber nicht Minister werden.«

Können wir, weil es sich so bei mir verhielt. Aber der Satz wäre insofern auch albern, als ich schließlich 26 Jahre lang Ministerin war, und wenn ich die fünf Jahre als Stellvertreterin von Professor Alfred Lemnitz dazu nehme, sind es also mehr als drei Jahrzehnte. Da kann man hinterher nicht behaupten, es widerwillig getan zu haben.

War's mehr Last oder Lust?

Ich bin nicht der Typ Mensch, der seine Tätigkeit nach solchen Kriterien beurteilt. Wenn man eine Arbeit, eine Verantwortung übernimmt, dann soll man sie auch ordentlich ausführen.

Auch eine Ministerin hat Empfindungen.

Stimmt. Aber die muss sie ja nicht öffentlich machen.

Es ist überliefert, dass Sie eine gute Schülerin waren. 2006 hat man in Halle Ihre Volksschul-Zeugnisse aus den Jahren zwischen 1933 und 1941 ausgestellt. Nur Einsen und Zweien, lediglich im Zeichnen und Singen gab es mal eine Vier und in Mathe eine Drei. Das Abschlusszeugnis zu Ostern 1941 weist Sie als Klassenbeste aus: sechs mal Note 1, elfmal die 2, das Betragen »lobenswert«. Das erklärt aber nicht zwingend, warum jemand Lehrer werden will.

Nun ja, ich hatte einen sehr einfühlsamen Lehrer, der die Stärken und Schwächen seiner Schüler gut erkannte.

Das Lernen bereitete mir große Freude, und diese Befriedigung wollte ich auch anderen vermitteln. Dem Lehrer stand einer der Freiplätze für die Nationalsozialistische Lehrerbildungsanstalt zur Verfügung. Doch mein Vater – Kommunist, Fabrikarbeiter und Witwer seit kurzem – meinte, dass ich zwar die Entscheidung allein treffen müsse, ob ich dieses Angebot annehme oder nicht, aber ich solle bedenken, dass ich unter diesen Verhältnissen als Lehrerin auch Naziideologie vermitteln müsste. Das jedoch wollte ich auf keinen Fall. Ich bat den Lehrer um Verständnis und sagte mit dem Hinweis ab, dass mein jüngerer Bruder Manfred und ich Halbwaisen seien und ich Geld verdienen müsse. Mein Vater arbeite seit seiner Entlassung aus dem KZ Buchenwald in einer Papiermühle und könne uns nicht ernähren. Ich machte eine Lehre als kaufmännische Angestellte, wurde kriegsdienstverpflichtet und arbeitete bis Kriegsende als Telefonistin.

Das Haus in Halle-Glaucha, Torstraße 36, in welchem Sie am 17. April 1927 geboren wurden und in dem Sie lebten, bis Sie in den 40er Jahren nach Berlin gingen, steht nicht mehr. Es wurde mit zwei benachbarten Gebäuden vor wenigen Jahren abgerissen, hieß es ...

Ach, sentimental war ich nie. Es wurde so vieles abgerissen. Die Torstraße 36 war eine Mietskaserne, kein Palast.

Ich will auf etwas anderes hinaus: Halle lag am Ende des Krieges in Trümmern. Was veranlasste Sie, gleich in die KPD einzutreten.

Eben weil die Stadt und das Land in Trümmern lagen. Es musste aufgebaut und der ganze Nazi-Schutt aus den Köpfen beseitigt werden. Die KPD hatte sich am 11. Juni

1945 als erste deutsche Partei überhaupt öffentlich zu Wort gemeldet.

Mit dem Aufruf »Schaffendes Volk in Stadt und Land! Männer und Frauen! Deutsche Jugend!«

Genau. Es werden nach meinem Eindruck in dieser antikommunistischen grobschlächtigen Hetze, mit der seit 1990 die DDR überzogen wird, die neuralgischen Stellen in der deutschen Geschichte bewusst ausgeblendet. Dass es diesen Aufruf überhaupt gab, war der Nazidiktatur und dem von ihr verursachten Krieg geschuldet. Frage: Wer aber war dafür verantwortlich? Und ausgerechnet jene Partei, die im Kampf gegen den Faschismus den höchsten Einsatz geleistet hatte, ruft nun nach dieser nationalen Katastrophe dazu auf, die Ärmel aufzukrempeln. Mehr noch: Obgleich die KPD weder Hitler in den Sattel geholfen hatte noch diesen Krieg führte, bekannte sie sich verantwortlich: »Wir deutschen Kommunisten erklären, dass auch wir uns schuldig fühlen, indem wir es trotz der Blutopfer unserer besten Kämpfer infolge einer Reihe unserer Fehler nicht vermocht haben, die antifaschistische Einheit der Arbeiter, Bauern und Intellektuellen entgegen allen Widersachern zu schmieden, im werktätigen Volk die Kräfte für den Sturz Hitlers zu sammeln, in den erfolgreichen Kampf zu führen und jene Lage zu vermeiden, in der das deutsche Volk geschichtlich versagte. [...] Daher fordern wir: Keine Wiederholung der Fehler von 1918! Schluss mit der Spaltung des schaffenden Volkes! Keinerlei Nachsicht gegenüber dem Nazismus und der Reaktion!«

Dieses Programm hat Sie motiviert, sich mit 18 Jahren der Partei anzuschließen?

Ich fühlte mich ihr schon länger zugehörig, seit ich an der illegalen Arbeit meines Vaters für die KPD teilnahm, die darauf gerichtet war, den mörderischen Hitlerkrieg so schnell wie möglich zu beenden. Der Aufruf vom 11. Juni 1945 gab Antworten auf die Frage nach den Ursachen von Faschismus und Krieg. Das war eine verständliche Analyse mit richtigen Schlussfolgerungen und eine erstrebenswerte Perspektive.

Sie waren im antifaschistischen Jugendausschuss in Halle, gehörten dort zu den Mitbegründern der FDJ, organisierten das erste Kinderferienlager der Stadt ... Zwar hatte das im weitesten Sinne mit dem zu tun, was Sie werden wollten, aber eine Lehrerausbildung war das gerade nicht.

Wohl wahr. Aber immer, wenn ich nachfragte, hieß es: »Was willst du, du bist doch jetzt schon Jugenderzieher. Wir müssen solche Menschen zu Lehrgängen schicken, die noch nicht so viel Erfahrung haben wie du. Dich brauchen wir hier.«

Und »hier« hieß bald Berlin und FDJ-Zentralrat.

Ja, über die Landesleitung kam ich in die Zentrale der Freien Deutschen Jugend, und 1949 berief man mich zur Vorsitzenden der im Jahr zuvor gegründeten Pionierorganisation. Das blieb ich bis etwa Mitte der 50er Jahre.

1949, bei Konstituierung der DDR, waren Sie jüngste Abgeordnete der Provisorischen Volkskammer. Es gibt dieses bekannte Foto, wo Sie dem soeben zum Präsidenten gewählten Wilhelm Pieck im Blauhemd einen beachtlichen Blumenstrauß überreichten.

Woher sie den damals hatten, ist mir noch immer ein Rätsel. Jedenfalls drückte mir mein Jugendfreund Heinz

Keßler den Strauß in die Hand, damit ich ihn Wilhelm übergab. Pieck war eine überragende Persönlichkeit. Ich habe ihn sehr gemocht.

Der Volkskammer gehörten Sie bis zum Herbst 1989 an.
　Ja. Allerdings zwischen 1954 und 1967 nicht.

Margot Feist und DDR-Präsident Wilhelm Pieck, 1949

Eigentlich bis zum 18. März 1990, denn Sie traten zwar am 2. November 1989 als Ministerin zurück, das Volkskammermandat jedoch legten Sie nicht nieder.

Ich trat auch nie aus der SED aus und der PDS bei. Aber wollen wir uns wirklich darüber unterhalten? Wir sollten bei unserem Thema bleiben.

Ich hatte zunächst vor, mich über Ihren Weg zur Ministerin zu unterhalten. Sie kamen 1954 ins Ministerium für Volksbildung, nachdem Sie zuvor einen Einjahreslehrgang an der Komsomolhochschule in Moskau absolviert hatten. Eine Vorbereitung auf eine ministerielle Tätigkeit war das nicht?

Nun ja, nicht im unmittelbaren Sinne. Aber es war doch eine substantielle politische Schulung, die wichtig und nützlich war für mein weiteres Leben. Aber noch mal: Ich hatte nie die Absicht, an der Spitze eines Ministeriums zu stehen, auch wenn mir manche Übelkrähe genau diesen Ehrgeiz unterstellt.

Aber als Sie schon bald nach Eintritt ins Volksbildungsministerium Leiterin einer Abteilung wurden, werden Sie doch nicht gesagt haben: Das möchte ich bis zum Ende meiner Tage bleiben.

Diese Tätigkeit forderte mich, im Staatsapparat war ich Lehrling. Ich wollte meine Arbeit gut machen, mich weiterbilden, Selbststudium stand auf der Tagesordnung. Da dachte ich nicht darüber nach, was später kommen würde oder müsste. Die DDR befand sich im Aufbruch und bot allen unendlich viele Chancen und Herausforderungen. Schauen Sie sich doch die Biografien von Menschen aus den 20er und 30er Jahren an, die über die Arbeiter-und-Bauern-Fakultäten an die Hochschulen kamen …

... dank der Brechung des bürgerlichen Bildungsmonopols.
Ja. Im Juni gab es die bereits erwähnte programmatische Erklärung der KPD und am 18. Oktober 1945 den Gemeinsamen Aufruf des Zentralausschusses der SPD und des Zentralkomitees der KPD zur demokratischen Schulreform. Wenig später erteilte der Liberaldemokrat Wilhelm Külz im Namen von LDP und CDU diesem Kurs die Zustimmung. Er entsprach den im Potsdamer Abkommen fixierten Prinzipien. In diesem Zusammenhang ist folgender Vorgang nicht uninteressant.

Mitte 1946 untersuchte im Auftrag von Washington eine zehnköpfige US-Expertenkommission das deutsche Erziehungswesen in den Westzonen. Sie kam zu der Überzeugung, dass der Schulaufbau die Klassenunterschiede betone, was der Absicht, dass die Schule zu einem Hauptfaktor für die Demokratisierung Deutschlands werden müsse, nicht dienlich sei. »Schon im Alter von zehn Jahren oder früher sieht sich das Kind eingruppiert oder klassifiziert durch Faktoren, auf die es keinen Einfluss hat, wobei diese Einstellung fast unvermeidlich seine Stellung für das ganze Leben bestimmt. Dieses System hat bei einer kleinen Gruppe eine überlegene Haltung und bei der Mehrzahl der Deutschen ein Minderwertigkeitsgefühl entwickelt und jenen Mangel an Selbstbestimmung möglich gemacht, auf denen das autoritäre Führerprinzip gedieh.« Unsere Analysen über Ursachen und Gedeihen des Faschismus gingen weiter, aber immerhin.

Die antifaschistisch-demokratische Schulreform lief bereits in den Ländern der Sowjetischen Besatzungszone, als die US-Kommission ihren Bericht vorlegte. Hier sollten endlich alle Kinder, unabhängig von ihrer sozialen Herkunft und der wirtschaftlichen Lage der Eltern, die gleiche Bildung erhalten. Das galt auch für den Zugang zu den höheren Schulen.

Unter diesen politisch bewusst gesetzten Rahmenbedingungen wurden Lebensläufe und Berufsentwicklungen möglich, die unter anderen gesellschaftlichen Bedingungen kaum denkbar waren.

Halten wir also fest: Sie fingen im Volksbildungsministerium an, Sie waren für alles offen. Und 1958 berief man Sie zur Stellvertretenden Ministerin. Mit 31 Jahren.

Der Jugend Vertrauen und Verantwortung: Das war immer Handlungsprinzip bei uns. In jener Zeit kamen viele ins Amt, die – nach heutigen Maßstäben – wahnsinnig jung waren. Außerdem gab es in jenem Jahr, es war das des V. Parteitages der SED, einige Kritik an der Arbeit des Ministeriums, was zu einigen personellen Veränderungen an der Spitze führte. Der fast 60-jährige Fritz Lange,

VI. Parteitag 1963: Margot Honecker kommt ins ZK

Volksschullehrer, antifaschistischer Widerstandskämpfer, Häftling in Brandenburg-Görden, schied als Minister aus, ihm folgte Prof. Dr. Alfred Lemnitz, ebenfalls Häftling in Brandenburg, Rektor der Hochschule für Ökonomie in Berlin-Karlshorst. Und der baute sein Ministerium um.

Er blieb nur fünf Jahre Minister, dann kamen Sie.
Nach der Volkskammerwahl 1963 bildete der vom Parlament mit der Regierungsbildung beauftragte Otto Grotewohl einen neuen Ministerrat. Der herzkranke Innenminister Karl Maron (SED) schied aus, der 75-jährige Postminister Friedrich Burmeister (CDU) und eben Alfred Lemnitz (SED).

In jenem Jahr fand auch der VI. Parteitag der SED statt. Sie wurden dort ins Zentralkomitee gewählt.
Ich denke nicht, dass da ein kausaler Zusammenhang bestand.

Lemnitz war nicht ZK-Mitglied.
Er gehörte aber als Minister der Ideologischen Kommission beim Politbüro des Zentralkomitees der SED an, die von Kurt Hager geleitet wurde.

Nicht jeder Minister war ZK-Mitglied, aber Sie werden nicht in Abrede stellen, dass die Zugehörigkeit zum Zentralkomitee dem Minister mehr politisches Gewicht verlieh.
Einverstanden.

Und Sie haben sich nicht gewehrt, Ministerin zu werden? Nicht wenigstens um 24 Stunden Bedenkzeit gebeten?
Kaderentscheidungen pflegten bei uns nicht so vorbereitet zu werden. Das Politbüro erörterte und entschied.

Dann wurde mit dem Betreffenden gesprochen: Die Partei ist der Auffassung, dass ... Und in der Regel zeigte man sich einsichtig. Eine solche Aufgabe zu übernehmen war ja keine Entscheidung des subjektiven Wollens, sondern ein Parteiauftrag. Und ich sagte ja bereits eingangs, dass ich, sofern ich von der Richtigkeit und Notwendigkeit einer Aufgabe überzeugt bin, diese auch übernehme.

Im Sinne preußischer Pflichterfüllung?
Unsinn, damit habe ich nichts am Hut. Ich sprach von Überzeugung, nicht von Gehorsam und Pflicht.

Die Franzosen sagen »Etre Prussien est un honneur, mais pas plaisir«: Preuße zu sein ist eine Ehre, aber kein Vergnügen.
Ein Grund mehr, das Prinzip der Selbstbestimmung hochzuhalten. Wenn ich etwas aus persönlicher Überzeugung tue, entscheide ich frei. Ganz im Sinne Hegels: »Freiheit ist die Einsicht in die Notwendigkeit.«
So gesehen habe ich mich frei entschieden, Ministerin für Volksbildung der DDR zu werden.

Margot Honecker in Valparaiso, September 2011

Eine Schule für alle

Bevor wir über Ihr Wirken als Ministerin reden, möchte ich noch einmal zu den Anfängen zurückkehren, also zur Nachkriegszeit. Es ging ja nicht nur darum, die Naziideologie aus den Köpfen zu vertreiben. Und es war auch nicht damit getan, die belasteten Nazi-Lehrer aus der Schule zu verbannen und neue Fibeln zu drucken. Es musste die Schule als Institution wie auch als Bildungssystem entrümpelt werden.

Völlig richtig. Es durfte kein Weiter-so geben. Es ging aber auch nicht nur ums Entrümpeln. Wir hatten als Ziel eine andere, eine gerechte Gesellschaft vor Augen. Und diese neue, sozialistische Gesellschaft hatte die Verwirklichung elementarer Menschenrechte – zu denen die Bildung für alle gehörte – im Programm. Die vorangegangenen Gesellschaftssysteme hatten diese verweigert oder nicht eingelöst.

Und wollten nach der nationalen Katastrophe 1945 nicht alle Parteien die bürgerlich-kapitalistische Gesellschaft überwinden? Selbst die von Adenauer geführte CDU erklärte am 3. Februar 1947 in Ahlen in ihrem Parteiprogramm: »Das kapitalistische Wirtschaftsystem ist den staatlichen und sozialen Lebensinteressen des deutschen Volkes nicht gerecht geworden. Nach dem furchtbaren politischen, wirtschaftlichen und sozialen Zusammenbruch als Folge einer verbrecherischen Machtpolitik kann nur eine Neuordnung von Grund aus erfolgen. Inhalt und Ziel dieser sozialen und wirtschaftlichen Neuordnung kann nicht mehr das kapitalistische Gewinn-

und Machtstreben, sondern nur das Wohlergehen unseres Volkes sein.« Nicht anders sahen das die Sozialdemokraten und Kommunisten, die sich im Frühjahr 1946 in der sowjetisch besetzten Zone zur SED zusammengeschlossen hatten: Es ging um eine grundsätzliche Neuordnung des gesellschaftlichen Lebens »von Grund aus«. Und folglich auch um eine andere Schule.

Damit stellte sich auch die Frage: Was für ein Menschenbild wollen wir künftig in der Erziehung vermitteln?

Natürlich eines, das sich am Ideal der europäischen Aufklärung orientierte. Das hatten Bildungsreformer in Deutschland auch schon in den 20er Jahren versucht, es gab interessante Ansätze in der Weimarer Republik, die von den Nazis beendet wurden. Die brauchten keine denkenden und selbständig handelnden Menschen, sondern Kanonenfutter. Die Heranwachsenden sollten flink wie Windhunde, zäh wie Leder und hart wie Kruppstahl sein. Das genügte.

Wir hingegen wollten eine umfassende Bildung, in der all das aufgehoben war, was in der Geschichte der Menschheit an Geist, Kultur, an ethisch-sittlichen Werten hervorgebracht worden war. Daraus leitete sich die nächste Frage ab: Reicht es, allgemein-menschliche Werte und Ideale in der Schule zu vermitteln?

Verharrt man dabei nicht auf dem bildungsbürgerlichen Niveau? So sind schließlich auch Hitler, Himmler, Heydrich erzogen worden. Hitler wanderte regelmäßig nach Bayreuth und hörte Wagner, Himmler war Sohn des Rektors des humanistischen Wittelsbacher-Gymnasiums in München, Heydrichs Vater betrieb in meiner Heimatstadt Halle ein Konservatorium. Hat sie diese bürgerliche Erziehung daran gehindert, Barbaren zu werden?

Kann aber Erziehung Barbarei verhindern?
Nein, natürlich nicht. Da könnte man auch gleich der Auffassung folgen, dass beispielsweise Kriege und andere Verbrechen ausschließlich Resultat charakterlicher Defizite seien. Das ist nicht so: Geschichte ist Menschenwerk, sie wird allerdings nicht von einzelnen Personen, sondern von Klassen gemacht. Und die herrschende Klasse diktiert und setzt die Ziele, sie schafft sich auch die Instrumente. Das deutsche Groß- und Finanzkapital ließ sich von den Nazis einen Staat organisieren, mit dem es die höchsten Profite glaubte erwirtschaften zu können. Deshalb ja auch die schreckhafte Erkenntnis selbst der Konservativen 1947: »Das kapitalistische Wirtschaftsystem ist den staatlichen und sozialen Lebensinteressen des deutschen Volkes nicht gerecht geworden.«

Oder jetzt, in der tiefsten Systemkrise, entdecken viele der bisherigen Apologeten des Kapitalismus, dass dieser unfähig und erledigt sei. Ende Januar, als sich die Crème de la Crème dieses Systems wie in jedem Jahr in der Schweiz traf, äußerte der Chef des Weltwirtschaftsforums von Davos in der *Financial Times Deutschland* fast das Gleiche, was schon 1947 die CDU erklärt hatte: »Man kann durchaus sagen, dass das kapitalistische System in seiner jetzigen Form nicht mehr in die heutige Welt passt.« Es steht zu vermuten, dass auch dies ohne Folgen bleiben wird.

Aber zurück zu unserer Ausgangsfrage: Schafft ein in der Schule vermitteltes humanistisches Menschheitsideal bessere Menschen, macht es sie resistent gegen charakterliche Deformierung und politische Blindheit? Die Geschichte zeigt: nein.

Da müssen noch andere Momente hinzukommen. Der Mensch ist – wie Marx sagt – das Ensemble der gesellschaftlichen Verhältnisse. Das heißt: Schule ist nur ein Element in diesem Ensemble. Kein unwichtiges, gewiss, aber eben nur eins. Der Charakter, die Verfasstheit der Gesellschaft, die in vielen Momenten sichtbar ist und eben auch wirkt, bestimmt, was aus einem wird. Der Mensch kann nicht gut sein, wenn es nicht auch die gesellschaftlichen Verhältnisse sind. Also müssen die gesellschaftlichen Verhältnisse umgestaltet werden. Bei Marx heißen sie Produktionsverhältnisse. Sie bestimmen auch über die Art der Aneignung des erzeugten Mehrwerts, also dessen Verteilung. Damit sind wir bei der Eigentumsfrage angelangt. Und diese steht immer auch im Zusammenhang mit Bildungsfragen. Das eine ist nicht vom anderen zu lösen.

Aber gibt es nicht einen zeitlosen Wertekanon, der unter allen gesellschaftlichen Verhältnissen existiert?

Natürlich. Und auf den bauen wir ja auch bewusst auf. Humanistische Werte wie Gleichheit, Gerechtigkeit, Gemeinschaft, Frieden, Liebe, Glück, Wohlstand, Lebensfreude, Hilfe etc. existierten schon in der Antike. Wir finden sie in der Philosophie und in der Kunst. Sie flossen ein in die Religionen, wir treffen sie in der Renaissance und im Kampf des Bürgertums gegen den Feudaladel. Denken Sie an die Große Französische Revolution 1789, die unter der Losung Liberté, Égalité, Fraternité – Freiheit, Gleichheit, Brüderlichkeit – geführt wurde. Die deutsche Arbeiterbewegung formierte sich unter dem Symbol der Hände, die einander solidarisch halten. Und die Bolschwiki traten 1917 an mit der Losung »Brot und Frieden«. Alles elementare, existentielle Daseinsfragen.

Auch wenn sich menschlich-vernünftige Werte wie ein roter Faden durch die Geschichte ziehen – und nun scheine ich

mir selbst zu widersprechen –, sind sie doch nichts Statisches. Sie reflektieren, sagen wir, den Zeitgeist, verändern sich.
Genau. Das war ja auch unser Ansatz. Wilhelm von Humboldt sah die Freiheit des Denkens als Bedingung menschlicher Veredelung – und zwar für alle, nicht nur für einige wenige. Herder drückte es anders aus, meinte aber dasselbe: »Mensch zu werden, dazu bringt jeder Anlage genug mit sich.« Das hat viel mit Demokratie zu tun und mit Marxismus: Wir müssen die gesellschaftlichen Verhältnisse menschlich und vernünftig gestalten, damit der Mensch Mensch sein kann – im Sinne Humboldts als »menschlicher Veredelung«. Dessen Namen trägt keineswegs zufällig die Universität Unter den Linden in Berlin.

Aber erst seit dem 8. Februar 1949. Bis dahin war die Alma mater nach dem Preußenkönig Friedrich Wilhelm benannt.
Auch die Formel des Namenswechsels, auf die sich die Sowjetische Militäradministration und die deutschen Bildungspolitiker bereits im Dezember 1947 geeinigt hatten, offenbart den inhaltlichen Bruch mit der Vergangenheit: »Die Universität Berlin ist eine auf der Grundlage der ehemaligen Friedrich-Wilhelms-Universität von der Deutschen Verwaltung für Volksbildung in der sowjetischen Besatzungszone neu eröffnete Hochschule; sie führt den Namen Humboldt-Universität.« Die Betonung lag übrigens auf »neu eröffnet«.

Gut, halten wir also fest: Die Schule nach dem Krieg brach mit dem Ungeist, baute auf klassische humanistische Inhalte und reflektierte den gesellschaftlichen Wandel auch in der Weise, dass Kinder unabhängig von Herkunft und sozialem

Stand zu den höchsten Bildungsstätten streben konnten, Stichwort Chancengleichheit.

Eine demokratische Schule darf Kinder nicht in Sackgassen führen, der Lebensweg kann nicht schon mit zehn oder zwölf Jahren festgelegt werden. Die sozialistische Schule – ich greife bereits vor – hat bewiesen, dass alle gesunden Kinder ein allgemein höheres Bildungsniveau erreichten als an der früheren Volksschule.

Mehr noch. Schule sollte nicht nur der Ort der Wissensvermittlung sein, sondern auch der Raum zur Entfaltung individueller Fähigkeiten. Kein Ersatz für Familie, denn die Erziehung dort ist durch nichts ersetzbar. Für eine harmonische Entwicklung der Kinder ist darum das Zusammenwirken von Schule und Elternhaus eine nötige Voraussetzung.

Die Ministerin mit Jungen Pionieren

Sie sprechen von einem Ideal.
Nein, von einer Orientierung und von praktischen Erfahrungen. Weil das Zusammenwirken von Elternhaus und Schule so wichtig ist, gab es in den Kindergärten, an den Schulen, an allen pädagogischen Einrichtungen gewählte Elternvertretungen. Jährlich, mancherorts alle zwei Jahre, erfolgten Wahlen von Elternaktivs oder -beiräten. Darf ich Sie daran erinnern, dass es in der DDR sogar eine Zeitschrift mit eben jenem Namen gab: »Elternhaus und Schule«.

Die gibt es nicht mehr. Wie die meisten anderen knapp 1.800 Tageszeitungen, Zeitschriften, Journale und Magazine – darunter etwa ein halbes Tausend Fachzeitschriften – mit einer Gesamtauflage von rund 40 Millionen.
Doch so viel.

Daraus schließe ich, dass auch die Volksbildungsministerin nicht alle DDR-Blätter kannte.
Die Schlussfolgerung scheint logisch.

Wenn die Schule nicht nur Wissen vermittelte – Bildung ist ja wirklich mehr als nur das Beherrschen von Sprache und der vier Grundrechenarten –, wie verhielt es sich beispielsweise mit der Disziplin? Ich gebe zu, dass man das Wort heute nicht mehr gern hört oder ausspricht. Die sogenannte antiautoritäre Erziehung, die mit den 68ern über uns hereinbrach, wird lediglich hinter vorgehaltener Hand als Fluch und Unsinn bezeichnet. Offiziell hat man das wunderbar zu finden.
Man schlägt ja auch keine Kinder.

Dahinter verbirgt sich doch mehr.

Die gewaltsame Züchtigung von Kindern verbietet sich von selbst, sie ist ahuman. Kinder sind auch nicht eine Art Teig, den man formen kann. Pädagogik darf Kinder nicht als Objekte betrachten, es sind individuelle Wesen mit unterschiedlichen Anlagen, die beachtet und gefördert werden müssen. Damit rede ich nicht einer allgemeinen Individualisierung das Wort. Der Mensch ist nun mal ein gesellschaftliches Wesen. Er teilt sich die Erde mit sieben Milliarden Artgenossen, die miteinander umgehen müssen. Wenn jeder egoistisch auf seinen privaten Interessen beharrt und sie durchzusetzen versucht, gibt es Mord und Totschlag. Gemeinschaften verlangen Interessenausgleich, Toleranz, Nachsicht, mit einem Wort: Empathie.

Deshalb ist ja das kapitalistische Prinzip von Anfang an falsch: Es predigt das Recht des Stärkeren. Deine Interessen, deine Bedürfnisse, deine Wünsche sind das Wichtigste – setze sie durch! Notfalls mit dem Ellbogen. Du, nur du allein, stehst im Mittelpunkt! In der Endkonsequenz landet man zwangsläufig bei der Herrenrasse und »Deutschland, Deutschland über alles«.

Sie plädieren für Ein- und Unterordnung, was ja auf Vermassung und Verlust von Individualität hinausläuft.

Unsinn. Ich plädiere für Individualität und Entfaltung der Persönlichkeit, aber nicht gegen- sondern miteinander, das heißt bei Berücksichtigung der Interessen der anderen. Das verlangt natürlich, wo nötig, nach Selbstdisziplin, Zurücknahme und Bescheidung. Aber solche Verhaltensmuster sind nicht angeboren, sie müssen vermittelt, also erlernt werden. Wir kennen das: Du sagst einem Kind, es solle nicht in die Kerze greifen ...

Messer, Gabel, Scher' und Licht, sind für kleine Kinder nicht ...

Genau. Das Kind hört nicht und steckt den Finger in die Kerze, bis es zischt. Es hat im Selbstversuch begriffen, dass die Warnung berechtigt war. Es wird später immer wieder mit Warnungen und Hinweisen konfrontiert werden und ihnen – im Idealfall – folgen, ohne im Selbstversuch die Berechtigung dieser Warnung zu testen. Das ist eine Form der Disziplinierung. Jedes »Du darfst nicht!« ist eine Vorschrift. Disziplin ist ein Ordnungsrahmen, der benötigt wird, wenn mehr als ein Mensch miteinander verkehrt. Es gibt nun mal Zwänge, die für alle gelten, und es gibt Institutionen, die sie durchsetzen. Die Alternative wäre Anarchie. So funktioniert aber keine Gesellschaft.

Die Disziplinierung wäre bei uns weitaus stärker gewesen als in der jetzigen Gesellschaft, heißt es.

Das bestreite ich. Nicht weil es in der DDR untersagt war, auf Kosten anderer zu leben, oder weil eine Arbeitspflicht bestand, sondern aus der praktischen Erfahrung, die ich in dieser jetzigen Gesellschaft mache. Die Disziplinierung durch das Kapital ist härter und existentieller. Wer seine Miete nicht zahlt (weil er sie nicht zahlen kann), fliegt aus der Wohnung und kann unter der Brücke landen. Die Angst vor dem Verlust der Arbeit macht kränker als die Arbeitslosigkeit selbst, haben Forscher jetzt herausgefunden. Und mit dieser Angst machen sich Menschen klein und krumm und schindern für jeden Hungerlohn: Ist das vielleicht keine Disziplinierung? Und sie hat Demütigung und Entwürdigung im Gefolge.

Kein Widerspruch, aber meine Frage zielte mehr auf die Schule.

Ich weiß nicht, was daran schlecht ist, wenn in der Schule Ordnung und Disziplin herrschen, wenn Schüler und Lehrer respektvoll miteinander umgehen, wenn man Rücksicht aufeinander nimmt, wenn nicht gebrüllt und geprügelt wird, wenn es kein Gerangel um Markenartikel gibt, die über den Status in der Klasse bestimmen. Was ist das für eine »Freiheit«, wenn Lehrer wegen der obwaltenden Disziplinlosigkeit häufig krank und vorzeitig in den Ruhestand geschickt werden? Nur jeder fünfte Lehrer in der Bundesrepublik erreicht in seinem Beruf das Rentenalter ...

Woher wissen Sie das?
Das Internet ist eine wunderbare Einrichtung. Ich bin täglich mehrere Stunden dort unterwegs und folglich auf dem Laufenden, was in der Bundesrepublik geschieht.

Meine Schwägerin, stellvertretende Schulleiterin in Thüringen, verbeamtet natürlich, war unlängst auf Dienstreise in Finnland. Bis auf den Fahnenappell war alles so wie in ihrer Zeit an der POS, sagte sie. Die Meldung bei Stundenbeginn an den Lehrer, die angespannt-angenehme Ruhe im Haus während des Unterrichts, sogar Wandzeitungen und eine »Straße der Besten«, also die Porträts der besten Schüler bei Wettbewerben und dergleichen auf dem Flur, das alles habe sie sehr an ihre eigene Schulzeit erinnert.

Vielleicht gab es nur wegen der niedrigen Temperaturen in Finnland keinen Fahnenappell ... Scherz beiseite: Ich verstehe nicht diese eigentümliche Aversion. Bei den Appellen handelte es sich doch nicht um eine militärische Übung, sondern es war eine Form der öffentlichen Zusammenkunft aller Schüler und Lehrer zur gemeinschaftlichen Verständigung. Jede wiederkehrende Form wird zum Ritual. Wo ist das Problem? Allenfalls dass Rituale verschleißen können und ihre Wirkung verlieren.

Gleiche Chancen für alle, gleiche Bildung für alle, eine Schule für alle. Eine Einheitsschule.
Ja. Dafür haben sich viele Volksschullehrer seit 1848 eingesetzt, sie gehörte zur Programmatik der revolutionären Arbeiterbewegung in der Kaiserzeit. Im Osten Deutschlands wurde im Mai 1946 das Ziel erstmals gesetzlich fixiert. »Die demokratische Einheitsschule umfasst die gesamte Erziehung vom Kindergarten bis zur Hochschule und gliedert sich nach den Aufgaben, die aus den gesellschaftlichen Bedürfnissen erwachsen.« Das schloss ein, dass Bildung für alle möglich war, dass jeder Bildungsweg offenstand und ein einheitliches Niveau in Stadt und Land garantiert war. Ich erinnere daran, dass bis 1945 im Osten über 4.000 einklassige Landschulen existierten, in denen Kinder aller Jahrgänge unterrichtet wurden.

Erstaunlich, dass man damals schon den Kindergarten mit in die Volksbildung einbezog.
Eine durchaus richtige Entscheidung. Wir haben Kindergärten nie als Kinderbewahranstalten betrachtet, wie das in anderen Ländern der Fall war und zum Teil noch ist, sondern als Bildungseinrichtungen. Im Spiel und mit pädagogischer Beschäftigung werden Sprache und Denkvermögen entwickelt, was den Kindern nachweislich einen guten Start in die Schule ermöglicht. Deshalb arbeiteten im Vorschulbereich qualifizierte Erzieher. Wie ich las, hat man das auch in einigen Bundesländern inzwischen als richtig erkannt. Wir haben vier Jahrzehnte also vernünftig gearbeitet.

Das hätte man auch schon 1990 wissen und sich die ganzen Abwicklungs- und Zertrümmerungsarien sparen können.
  Sie sagen es.

Die »Einheitsschule« war zu DDR-Zeiten als Begriff nicht im Umlauf. Es gab die zehnklassige Polytechnische Oberschule (POS) und die Erweiterte Oberschule (EOS), an der mit dem Abitur die Hochschulreife erworben wurde.

Die Ministerin privat

Das waren die konkreten Begrifflichkeiten, nach Inhalt und Struktur war das die Einheitsschule. Heute kämpfen fortschrittliche Pädagogen für Schulreformen unter der Losung »Eine Schule für alle«. An unseren Schulen wurde nach verbindlichen, einheitlichen Lehrplänen unterrichtet. Wenn ein Schüler von Suhl nach Rostock verzog, konnte er nahtlos weiterlernen. Vielleicht hatte er Probleme mit den Klassenkameraden, nicht aber mit dem Schulstoff. Da haben heute Schüler, deren Eltern beispielsweise der Arbeit nachziehen und ihre Kinder darum die Schule wechseln müssen, ganz andere Sorgen.

1965 erarbeiteten wir ein Gesetz über das einheitliche sozialistische Bildungssystem und legten es der Volkskammer zur Entscheidung vor. Nach zwanzig Jahren hatten sich in der Gesellschaft und damit auch im Bildungswesen Veränderungen vollzogen, auf denen aufzubauen war. Ungelöste Probleme, aufgetretene Mängel und Schwierigkeiten und künftige Anforderungen mussten ins Auge gefasst werden. Für die Schule von morgen wurden langfristig angelegte Forschungen, Untersuchungen und lebendige Auseinandersetzungen berücksichtigt

Kurzum: Im neuen Gesetz wurden die bereits 1946 fixierte Einheit des gesamten Bildungswesens und seine Beziehungen zur gesellschaftlichen Umwelt im dialektischen Sinne aufgehoben. Die Gesellschaft hatte sich entwickelt, verändert, stellte neue Fragen. Dem trugen wir Rechnung. Am Charakter des Bildungswesens jedoch änderte sich nichts.

Weltlich, unentgeltlich, staatlich und einheitlich

Viereinhalb Jahrzehnte wurde im Osten Deutschlands nach den gleichen Prinzipien und Grundsätzen unterrichtet.
  Das kann man so sagen. Es gibt eine rote Linie, die in der antifaschistisch-demokratischen Schulreform 1945/46 ihren Ausgang nahm. Sie führt über das »Gesetz über die sozialistische Entwicklung des Schulwesens in der Deutschen Demokratischen Republik« von 1959 bis zum »Gesetz über das einheitliche sozialistische Bildungssystem« von 1965, das erstmals alle Glieder des Bildungswesens zu einem Ganzen zusammenfügte – von der Vorschulerziehung über die allgemein- und berufsbildende Schule bis hin zu den Hoch- und Fachschulen, Universitäten und den Einrichtungen zur Aus- und Weiterbildung.

Wie würden Sie die Prämissen der Volksbildung im Osten Deutschlands beschreiben? Die Einheitlichkeit hatten Sie ja bereits erwähnt.
  Die bezieht sich auf Struktur und Aufbau des Schulwesens. Damit sicherten wir den organischen Übergang von einer Stufe zur nächsten, die eine baute auf der anderen Ebene auf: Kindergarten/1. Klasse – Oberschule (POS)/ Berufsausbildung – erweiterte Oberschule (EOS)/ Hochschule. Sackgassen und Irrwege gab es da nicht.

Und die Gefahr, dass man mit dem Wissen, was man im Bezirk Schwerin erworben hatte, im Bezirk Karl-Marx-Stadt wenig anfangen konnte, bestand auch nicht.

So war es. Ein zweites Prinzip, wonach Sie fragten, war das der Weltlichkeit. Staat und Kirche waren bei uns getrennt, die DDR war ein laizistischer Staat. Gemäß Verfassung konnte sich bei uns jeder Bürger religiös betätigen, es stand jedem frei, in die Kirche zu gehen, sich taufen, konfirmieren und auf einem Gottesacker bestatten zu lassen – aber wie der Staat sich nicht in die Belange der Institution Kirche einmischte, galt dies auch umgekehrt. Folglich hatte die Kirche nichts an der Schule verloren, es fand kein Religionsunterricht statt.

Nun gehören die Religionen – unabhängig davon, ob man sie als Atheist ablehnt oder ihnen eine gesellschaftliche Funktion zubilligt – zur Realität. Über zwei Milliarden Menschen bekennen sich als Anhänger des Christentums, dem Islam folgen fast anderthalb Milliarden. Es gibt Hindi, Buddhisten, Juden. Und da manche Religionen inzwischen Tausende Jahre alt sind, gehören sie alle notabene auch zur Weltkultur. Das wiederum sollte auch Thema für die Schule sein.

Natürlich. Das sind doch aber zwei verschiedene Sachen. Religionsunterricht oder Christenlehre ist eine mehr oder minder aktive Unterweisung in Dingen des praktizierten Glaubens. Das mag für Christen wichtig sein, nicht aber für Nichtgläubige. Es ist auch kein allgemeiner Bildungsauftrag. Deshalb ist die Schule nicht der richtige Ort dafür. Als Pastorensohn werden Sie das Markus-Evangelium kennen und jenes Gleichnis, als die Pharisäer Jesus eine Münze zeigten und dieser erklärte: Gebt dem Kaiser, was des Kaisers ist, und Gott, was Gottes ist.

Da ging es aber um Steuern. Doch im Prinzip stimmt das Bild schon: Die Schule war das eine, die Kirche das andere.

Dennoch, ich nehme die Kirche als Kulturgut. Wäre es nicht nützlich gewesen, dieses Feld auch in der Schule zu bearbeiten? Wer die Bibel nicht kannte, lief nahezu blind durch die Gemäldegalerien alter Meister, die Künstler der Vergangenheit haben meist nur biblische Motive und Geschichten gestaltet. Das gleiche Problem haben wir in der Musik, in der Literatur. Selbst in der Kirchenarchitektur findet das seinen Ausdruck. Man sieht, was man weiß. Wer den Ursprung, die Idee, die Geschichte, welche in einem Kunstwerk verarbeitet wurde, nicht kennt, steht wie der sprichwörtliche Ochse vorm Tor.

Ich denke, wir sind uns einig, dass die Schule kein Ort für Kirchenpropaganda sein sollte. Nirgendwo. Der Hinweis auf die religiösen Bezüge in der Kunst ist wichtig, aber das gehörte auch zum Stoff in anderen Unterrichtsfächern. Es war aber, da haben Sie Recht, kein eigenständiges Fach. Damit stelle ich keineswegs die Sinnfälligkeit solcher Auseinandersetzung in Abrede. Und in Kenntnis dessen, liefen auch Vorbereitungen, um die genannte Materie anders und besser zu vermitteln.

Unter dem Präsidentenpalast, gibt es, wie ich sah, ein Kulturzentrum, das Centro Cultural Palacio la Moneda, mit Ausstellungsräumen, Kinos, Cafés, Museen. Eine Dauerausstellung ist Violeta Parra gewidmet. Wir kennen ihre Tochter Isabel Parra, eine der bekanntesten Sängerinnen des Landes, die 1973 vor der Junta floh und oft bei uns in der DDR auftrat, meist war sie mit der Gruppe Inti-Illimani unterwegs.

Die Gruppe hat übrigens unten im Künstlerviertel ein rustikales Restaurant, da sollten wir unbedingt einmal essen gehen.

Die Dauerausstellung von Violeta Parra (1917-1967) im Centro Cultural Palacio la Moneda

Isabel Parras Mutter Violeta war eine bedeutende Malerin, Dichterin und Sängerin. Und obgleich ihr Leben bereits 1967 endete, war sie eine der intellektuellen Wegbereiterinnen der Unidad Popular, was nicht nur aus der Verbindung zu Victor Jara rührte. In ihrer Ausstellung hängen Kunstwerke, in denen Naturreligionen, christlicher Glaube (den die spanischen Eroberer brachten), Tradition und Folklore wunderbar miteinander verwoben sind. Ich kenne keine dieser Wurzeln im Detail, aber ich erfreute mich an dieser gleichermaßen naiven wie verschlüsselten Weltsicht und unbändigen Lebenskraft, die aus diesen Bildern spricht. Dass dabei katholische Kirche und heidnische Überlieferungen in christlichem Gewande eine Rolle spielen, erkenne ich nur an bestimmten religiösen Motiven. Sonst nicht. Obgleich ich also nicht jedes Detail entschlüsseln kann, verstehe ich das Bild. Irgendwie. Das ist nun mal so bei der Kunst. Man muss zum besseren Kunstverständnis nicht ein ganzes Bildungssystem umkrempeln. Da gebe ich Ihnen völlig Recht.

Zu Ihrer Frage nach Staat und Kirche bzw. Schule und Religion: Wussten Sie, dass lange Zeit manche Kirchgemeinde in Ermangelung anderer Räumlichkeiten ihre Christenlehre in Klassenräumen abhielt?

Nein, ich kann mich nicht erinnern, dass mein Vater außerhalb der Elternversammlungen jemals seinen Fuß über die Schwelle der Schule gesetzt hätte.
Vielleicht nicht auf Ihrem Dorf, aber in etlichen zerbombten Städten war es so.

Das entscheidende Problem jedoch, warum wir keinen Religionsunterricht an der Schule haben wollten, war die wissenschaftliche Grundierung des Unterrichts.

Die Theologen betrachten die Theologie auch als Wissenschaft, als wissenschaftliche Auseinandersetzung mit den Quellen des Glaubens.
Aber bekenntnisgebunden und nicht universell. In unserem materialistisch-dialektischen Wissenschaftsverständnis kam die Theologie jedenfalls nicht vor.

Einheitlichkeit, Weltlichkeit und Wissenschaftlichkeit ...
Was noch?
Dass die Einrichtungen – einige wenige kirchliche Kindergärten ausgenommen – staatlich waren. Es erwies sich als großer Vorzug, dass das gesamte Schul- und Bildungswesen staatlich geführt und verwaltet wurde. Damit war eine zentrale Leitung und Lenkung möglich, die die Einheitlichkeit sicherstellte. Wir konnten so auch Einfluss darauf nehmen, dass gesellschaftliche Partner des Territoriums und die Gewerkschaften »Unterricht und Erziehung« und »Wissenschaft« mit in dieses Bildungssystem eingebunden wurden.

Wann wurden die privaten Schulen abgeschafft?
Sie wurden nicht abgeschafft, sondern nach 1945 gar nicht erst zugelassen.

Warum nicht?
Zum einen wollten wir von vornherein verhindern, dass Bildung eine Frage des Geldbeutels würde. Zum anderen ging es, noch einmal, um die Herstellung eines einheitlichen Schul- und Bildungswesens.

Mancher empfand das als Normierung und Gleichmacherei?
Ich weiß. Es gibt nirgendwo auf der Welt einen Staat, in welchem alle Bürger mit allem einverstanden sind, was ihnen ihr Staat vorschreibt. Es kommt jedoch darauf an, Mehrheiten zu gewinnen und deren Interessen zu vertreten. Auch in diesem Sinne verstand sich die DDR als Diktatur des Proletariats, in der die Interessen einer Mehrheit Vorrang hatten gegenüber den Interessen der Minderheit. Darf ich mich selber zitieren?

Bitte.
Auf unserem letzten, dem IX. Pädagogischen Kongress im Juni 1989, sagte ich: »Eine dem Humanismus verpflichtete Schule zu schaffen, das verlangte, das jahrhundertealte Unrecht an den Kindern der Arbeiter und Bauern zu beseitigen, allen Kindern des Volkes Chancengleichheit zu garantieren, die elementare volkstümliche Bildung der bürgerlichen Volksschule durch einen soliden, an den Wissenschaften orientierten Fachunterricht zu ersetzen und den Rückstand der dörflichen Schulen zu überwinden. Wenn es heute eine Selbstverständlichkeit ist, dass die Kinder auf dem Lande gleiche Bildung erhalten wie in der Stadt, so ist dies das Ergebnis

einer sehr tiefgreifenden Umgestaltung, wie es unsere Landschulreform war.

Gleiche Bildungsmöglichkeiten zu sichern, das hieß auch, alle Einschränkungen gegenüber den Kindern der sorbischen Nationalität aufzuheben und bestmögliche Bedingungen zur Pflege ihrer Sprache und Kultur zu gewährleisten.«

In diesem Zusammenhang: Wie ist es um die rund 60.000 Sorben in Brandenburg und Sachsen bestellt?

Ein Sorbe ist Ministerpräsident in Sachsen.

Mich interessiert nicht Tillich, sondern wie es um die Schulen bestellt ist. Ich erinnere mich, im Internet von Protestaktionen gelesen zu haben, weil die Sorbische Mittelschule 2003 in Crostwitz bei Bautzen geschlossen wurde, und weil Bund und Landesregierungen die Ausgaben zur Förderung der sorbischen Bildung, Kultur und Wissenschaft seit Jahren stetig zurückfahren.

Keine Ahnung.

Sehen Sie, das geht alles unter in der Nachrichtenflut. Man hat diese Schule dichtgemacht, weil nicht die vorgeschriebene Mindestanzahl von 20 Schülern pro Klasse erreicht wurden, es waren nämlich nur 17. Interessant ist es da zu wissen, dass Deutsche in Rumänien selbst bei einer Klassenstärke von acht Schülern unterrichtet werden. Eine vergleichbare Sonderregelung für Sorben in Deutschland hingegen wurde in der BRD abgelehnt.

Noch einmal zurück zu den Privatschulen, die im Osten Deutschlands nicht zugelassen wurden.

Ein Bildungsprivileg lässt sich nicht brechen, wenn weiterhin dessen Institutionen existieren. Im Übrigen war der

Ausschluss demokratisch legitimiert. An der Aussprache zu unserem ersten Schulgesetz von 1959 beispielsweise beteiligten sich über zweieinhalb Millionen Menschen. Ist jemals in der Bundesrepublik ein Gesetz überhaupt öffentlich diskutiert worden? Mit diesem Gesetz machten wir einen Riesenschritt »in die Richtung einer humanistischen Bildung, die weit über die klassischen bürgerlichen Vorstellungen hinausreichte«, sagte ich dazu 1989.

Keine Privatschulen, kein Schulgeld.
Richtig. Das war die vierte Säule unseres Bildungssystems. Alles war gebührenfrei, unentgeltlich, wurde von Vater Staat getragen. Und fürs Studieren gab es auch noch Stipendium, das nicht zurückgezahlt werden musste. Ich will nicht verraten, was meine Enkelin Vivian, die hier in Santiago studiert, monatlich an Gebühren zu entrichten hat. Ohne Zuschuss der Oma könnte sie sich ein Studium nicht leisten. In Deutschland liegen die Studiengebühren, wenn ich es richtig mitbekommen habe, zwischen 500 und 1.000 Euro je Semester, einige Bundesländer haben sie allerdings wieder abgeschafft.

Für uns war ein solches Herangehen völlig ausgeschlossen. Die Schulen mussten für alle frei zugänglich sein. Die Lehrbücher kosteten wenig, ein Teil der Schüler bekam sie gratis. Auch Kindergarten und Hort waren unentgeltlich. Lediglich für das Essen hatten die Eltern einen Unkostenbeitrag zu leisten. Schüler der EOS bekamen seit 1981 in der 11. Klasse 100 Mark Ausbildungsbeihilfe, in der 12. Klasse gab es 150, bei der Berufsausbildung mit Abitur gab es eine Ausbildungsvergütung.

Mir gefällt: »Fürs Studieren gab es auch noch Geld.«
Das wissen Sie doch.

Ja, natürlich, aber manches vergisst man eben. Ich entsinne mich jetzt, dass ich monatlich 270 Mark bekam plus 40 Mark Leistungsstipendium wegen ordentlicher Noten. Die Miete im Internat der Karl-Max-Universität betrug 15 Mark ... Man kam ganz gut damit hin und hatte den Kopf frei zum Studieren.

Das war ja auch der Sinn der Übung. Wenn man als Student ständig überlegen muss, wie man finanziell über die Runden kommt, wo das Geld für die nächste Studiengebühr, die Miete, die Lehrmittel, die Ernährung usw. herkommt, dann bleibt nur noch wenig Energie für den eigentlich Zweck: das Studium. Die Kinder betuchter Eltern natürlich ausgenommen.

Und die profitieren in der Bundesrepublik doppelt. In Bayern beispielsweise muss nur ein Kind pro Familie Studiengebühren zahlen. »Einzelkinder von Arbeitern, die studieren, finanzieren auf diese Weise die Zweitkinder von Zahnärzten und Unternehmenschefs mit«, gestand die *Süddeutsche Zeitung* am 17. Oktober 2011 ein. Sie stellte aber nicht die Frage, wie viele Arbeiterkinder sich ein Studium überhaupt leisten können. Nur jeder vierte Abiturient aus Elternhäusern ohne akademischen Hintergrund, wie man das beschönigend umschreibt, beginnt zu studieren, räumte man ein.

Gut, für diesen Bereich war das etwa Mitte der 70er Jahre gegründete Ministerium für Hoch- und Fachschulwesen zuständig. Kehren wir noch einmal zur Struktur des Bildungswesens zurück. Die sei in Ordnung gewesen, räumen inzwischen selbst bürgerliche Bildungspolitiker ein, die Ideologie aber nicht.

Naja, Vorhaltungen aus dieser Ecke prallen in der Regel an mir ab.

Aus Ignoranz? Überheblichkeit? Besserwisserei?

Keineswegs. Wenn man in der Politik – aus Gefallsucht, aus Opportunismus, wegen der Karriere (ein Begriff, der in der DDR nahezu unbekannt war), aus Eitelkeit etc. – auf jeden Einwurf reagiert, spricht das nicht für Standfestigkeit. Wenn man eine Position als richtig erkannt hat, sollte man sie auch konsequent vertreten. Im Interesse der eigenen Glaubwürdigkeit. In seinen Tagebuchaufzeichnungen, die mein Mann während seiner Moabiter Haft anfertigte, zitierte er eine Bemerkung Herbert Wehners, der ihm mal gesagt hatte: »Werde nie ein Renegat.« Erich schrieb dazu: »Ich habe ihn damals nicht verstanden, dachte, er bezieht das auf sich, weil er als ehemaliger Kommunist immer wieder wegen seiner Vergangenheit von den Konservativen angegriffen wurde. Aber je länger ich darüber nachdenke, könnte er es auch anders gemeint haben, etwa in dem Sinne, nicht weich zu werden und die Fahne zu wechseln.«

Man wird ja nicht gleich zum Renegaten, wenn man sich hinterher eingesteht: Vielleicht haben wir es ja doch ein wenig übertrieben mit der Ideologie.

Nein, das sehe ich nicht so. Halten wir doch zunächst fest, dass alles, was uns umgibt, alles, was wir tun, mehr oder minder ideologisch determiniert ist. Ob Sie nun verschrumpelte Bio-Äpfel den chemisch behandelten Plantagen-Äpfeln aus Neuseeland vorziehen, ist vermutlich so ideologisch motiviert wie der Kauf bestimmter Zeitungen oder deren Verweigerung. Ideologie ist ein Totschlagargument bei der Auseinandersetzung mit der DDR, weil sich keiner bewusst ist, was dies wirklich bedeutet. Tatsächlich ist Ideologie wertfrei. Marx verstand darunter die Verschleierung der eigentlichen Machtverhältnisse, er nannte das Überbau. Das aber ist nicht gemeint, wenn man uns vorwirft, wir seien zu »ideologisch« gewesen. Wer das nachplappert, hat keine Zeile von Marx gelesen. Dahinter steckt in Wahrheit der Vorwurf, wir wären zu politisch gewesen, wir hätten alles weltanschaulich bestimmt.

Ja, das stimmt. Wissensvermittlung ohne ein fixiertes Erziehungsziel funktioniert nicht. Man muss sich vorher im Klaren darüber sein, was am Ende eines bestimmten Ausbildungsprozesses erreicht sein soll. Man besucht eine Fahrschule, um am Ende einen Führerschein zu bekommen. Wir haben in allen Phasen der gesellschaftlichen Entwicklung das Erziehungsziel klar formuliert.

Paragraf 1.1 des Bildungsgesetzes von 1965 hieß: »Das Ziel des einheitlichen sozialistischen Bildungssystems ist eine hohe Bildung des ganzen Volkes, die Bildung und Erziehung allseitig und harmonisch entwickelter sozialistischer Persönlichkeiten, die bewusst das gesellschaftliche Leben gestalten, die Natur verändern und ein erfülltes, glückliches, menschenwürdiges Leben führen.« Und Paragraf 4.1, den ich auch für wesentlich halte, lautete: »Im sozialistischen Bildungssystem gilt der Grundsatz der Verbindung von Bildung und Erziehung mit dem Leben, der Verbindung von Theorie und Praxis, der Verbindung von Lernen und Studium mit produktiver Tätigkeit.«

Diese Einheit von Bildung und Erziehung nennen manche »ideologische Indoktrination«.

Die Verbindung mit der sozialistischen Gesellschaft war keine Indoktrination, sondern die Vorbereitung auf das Leben nach der Schule. Wir waren eine sozialistische Gesellschaft mit sozialistischen Eigentums- und Produktionsverhältnissen. Der Sinn der Volksbildung konnte folglich nicht darin bestehen, Kinder und Jugendliche zu teilnahmslosen, desinteressierten Mitläufern, gar zu Gegnern des Sozialismus zu erziehen, sondern zu seinen aktiven Mitstreitern und Gestaltern.

Ich weiß, dass einige nach 1990 behaupteten, die Schule habe die Kinder den Eltern entfremdet, sie wären ihnen gleichsam entzogen worden. Die Eltern hätten ihre Kinder zu braven Christen erziehen wollen, doch die Schule habe sie, entgegen ihrem Willen, zu strammen Kommunisten gemacht. Das ist doch Unsinn. Ich sagte schon an anderer Stelle, dass die Hauptlast der Erziehung auch im Sozialismus bei den Eltern lag. Kinder aus harmonischen, intakten Familien folgten deren weltanschaulichen Positionen. Wer seine Kinder zu Christen erziehen wollte, konnte dies. Wenn sie es nicht vermochten, lag das nicht an der Schule. Wie war das bei Ihnen?

»Pfarrers Kinder, Müllers Vieh gedeihen selten oder nie.«
Jeder Mensch sucht Schuldige, wenn sich diese oder jene Erwartung nicht erfüllt, wenn ein Ziel nicht erreicht wird oder Perspektiven sich nicht eröffnen. Nach dem Ende der DDR gab es dafür eine Adresse. Mal war's der Honecker, mal die Honecker. Und da sich diese Anschuldigung mit der vorherrschenden Meinung deckte, heulte man halt mit den Wölfen.

Ich kenne keinen, der jemals erklärt hätte, der Kapitalismus habe ihn deformiert, in seine Biografie eingegriffen, die Familie entzweit, seine Zukunft gestohlen.

Und was ist mit der Staatsbürgerkunde?
Ein Fach, das ab der 7. Klasse unterrichtet wurde. Es befasste sich im weitesten Sinne mit unserer Weltanschauung, vermittelte Kenntnisse über politische und soziale Zusammenhänge, den Aufbau der Gesellschaft, des Staa-

tes und dessen internationale Verpflichtungen usw. Bei der Schmähung der DDR-Volksbildung nimmt dieser Unterricht einen zentralen Platz ein, als hätten unsere Lehrer dort den Schülern beigebracht, Vater und Mutter um die Ecke zu bringen oder wie sie am besten die Bundesrepublik Deutschland vernichten könnten.

Vielleicht sollte man die Kritiker an Artikel 148 der Weimarer Verfassung erinnern. Der geht so:

»(1) In allen Schulen ist sittliche Bildung, staatsbürgerliche Gesinnung, persönliche und berufliche Tüchtigkeit im Geiste des deutschen Volkstums und der Völkerversöhnung zu erstreben.

(2) Beim Unterricht in öffentlichen Schulen ist Bedacht zu nehmen, dass die Empfindungen Andersdenkender nicht verletzt werden.

(3) Staatsbürgerkunde und Arbeitsunterricht sind Lehrfächer der Schulen. Jeder Schüler erhält bei Beendigung der Schulpflicht einen Abdruck der Verfassung.

(4) Das Volksbildungswesen, einschließlich der Volkshochschulen, soll von Reich, Ländern und Gemeinden gefördert werden.«

Und in Artikel 11 der gültigen Verfassung für das Land Nordrhein-Westfalen heißt es: »In allen Schulen ist Staatsbürgerkunde Lehrgegenstand und staatsbürgerliche Erziehung verpflichtende Aufgabe.«

Mit anderen Worten: Die staatsbürgerliche Erziehung war keine Erfindung der DDR. Dass diese bei uns ein wenig anders aussah, als man sich anderenorts wünschte, erscheint nur zu logisch. »Das Fach Staatsbürgerkunde ist ein in seiner Bedeutung für die sozialistische Erziehung, für die Vermittlung unserer Ideologie durch nichts zu ersetzendes, unverzichtbares Fach«, sagte ich 1989 auf dem Pädagogischen Kongress. Es leiste einen großen Beitrag, »wissenschaftlich begründete Lebensorientierungen zu vermitteln, klassenmäßig geprägte Einsichten in grundlegende gesellschaftliche, politische und ideologische Zusammenhänge zu gewinnen«.

In Bezug auf die Staatsbürgerkundelehrer und ihre Funktion sagte ich weiter, dass sie »gesellschaftliche Prozesse wissenschaftlich fundiert« erklären, das Denken der Schüler herausfordern sollten. Also keine Agitation, keine Indoktrination, sondern Faktenvermittlung zur Herausbildung von Standpunkten.

Dazu stehe ich nach wie vor.

In Pomaire, einem wegen seiner Töpferkunst berühmten Dorf zwischen Santiago de Chile und Valparaiso

Militarisierung der Schule?

Ich weiß, dass Sie jetzt vermutlich sofort die Arme heben und erklären werden: Jetzt kommt er auch noch mit diesem Quark! Trotzdem können wir nicht so tun, als wäre diese Unterstellung nicht existent. Außerdem hätten wir dann alle Reizthemen ...

Zwangsadaptionen und Ossietzky-Schule fehlen noch.

Dazu kommen wir vielleicht auch noch, aber allenfalls beiläufig ... Ich wollte sagen: Dann haben wir alle Reizthemen abgearbeitet und können uns wieder mit dem Wichtigen und Wesentlichen beschäftigen, weshalb ich eigentlich nach Chile gekommen bin: mit der Volksbildung der DDR.

Und wie lautet nun Ihre Frage?

Warum Wehrkundeunterricht?

Die Initiative ging von der NVA aus, es war keine Erfindung von mir. Dies festzustellen bedeutet nicht, dass ich mich davon distanzierte und meine Verantwortung leugnete. Ich stehe auch zu dieser Entscheidung. Aber wir sollten die Kausalität festhalten. So gesehen waren die Aggressivität der NATO und der von ihr losgetretene Rüstungswettlauf der Ausgangspunkt.

Die 1962 gesetzlich vorgeschriebene Wehrpflicht betrug in der DDR 18 Monate. Aufgrund der immer komplizierter werdenden Waffentechnik wurde immer mehr Zeit für die Ausbildung zu deren Beherrschung verwandt. Im Interesse der Aufrechterhaltung unserer Landesverteidigung fragte die Führung unserer Streitkräfte in den 70er

Jahren an, ob man nicht bestimmte Fertigkeiten im Rahmen einer vormilitärischen Ausbildung an der Schule vermitteln könnte. Wer bereits marschieren und exerzieren, militärisch grüßen und in einer militärischen Einheit handeln könne, müsse dies nicht, wie sonst üblich, in einer monatelangen Grundausbildung »bei der Fahne« und von der Pieke auf erlernen. Dadurch aber würde man Zeit für die waffentechnische Ausbildung gewinnen.

Es wurde auch geschossen.

Ja, in den Wehrlagern mit Kleinkaliberwaffen. Das fand am Ende der 9. Klasse für männliche Schüler statt, zwölf Tage mit je acht Stunden Ausbildung. Die Mädchen absolvierten parallel einen Lehrgang für Zivilverteidigung. Aber das war kein Wehrkundeunterricht.

Dieser bestand aus jeweils vier Doppelstunden in der 9. und 10. Klasse und erfolgte seit 1978 an der POS, ab 1981 wurde in der Klassenstufe 11 an der EOS Unterricht in Fragen der sozialistischen Landesverteidigung gegeben.

Eine »Militarisierung« des Unterrichts oder der Schule vermag ich darin nicht zu erkennen. Es gab weder in quantitativer noch in qualitativer Hinsicht eine Veränderung des Ausbildungs- und Erziehungsziels. Deshalb habe ich auf dem IX. Kongress – der VIII. Pädagogische Kongress fand zehn Jahre zuvor statt –, obgleich ich mich dort zu fast jedem einzelnen Fach äußerte, nicht mal einen Nebensatz dazu verloren. Der Wehrkundeunterricht war von keiner Relevanz.

Das sahen damals einige, heute ganz viele ganz anders.

Ja, ich weiß. Unter dem Druck von außen schaffte die Volkskammer im Mai 1990 sowohl den Staatsbürger- wie auch den Wehrkundeunterricht ab.

Der Druck kam vornehmlich aus den Kirchen?

Nicht von den Kirchenleitungen, sie verstanden sich als »Kirche im Sozialismus«, da waren die Verhältnisse geklärt und das Miteinander geregelt. Protest kam von Leuten, die sich unter dem Dach der Kirche versammelt hatten. Und die bekamen oft Rückendeckung und Unterstützung aus dem Westen, wie jeder, der sich zum »Dissidenten« ausrief. Diese »unabhängigen« Friedens- und Umweltgruppen waren so unabhängig nicht, wie sie behaupteten.

Im Kontext der vorgeblichen Militarisierung der DDR ...

Wer dies behauptet kennt die Geschichte nicht oder blendet sie bewusst aus. Die DDR war Mitglied des Warschauer Vertrages, ihre Staatsgrenze West war die Frontlinie zur NATO. Hier standen sich die beiden stärksten

Ministerbad in der Menge

Militärblöcke der Welt gegenüber. Und trotz der Konferenz für Sicherheit und Zusammenarbeit in Europa und diversen Abrüstungsverhandlungen fasste die NATO Ende der 70er Jahren den Beschluss zur Stationierung neuer atomar bestückter Mittelstreckenraketen und Marschflugkörper in Westeuropa. Diese erreichten in wenigen Minuten sowjetisches Territorium, besaßen also strategische Bedeutung. Und in Washington sprach man von einem »Enthauptungsschlag«.

Die Sowjetunion als Führungsmacht des Warschauer Vertrages stationierte nun ihrerseits auf unserem Gebiet und in der benachbarten Tschechoslowakei ihre Mittelstreckenraketen und verließ zudem alle Abrüstungsgespräche. Es begann eine sehr gefährliche Phase der internationalen Beziehung. Das sah auch mein Mann, der sich ohne Rückendeckung Moskaus – im Gegenteil! – um eine paktübergreifende Koalition der Vernunft bemühte. Er wollte das Teufelszeug aus Deutschland weghaben, und damit meinte er sowohl die amerikanische Pershing II als auch die sowjetischen SS-20, weil ihm klar war, dass in einem nuklearen Schlagabtausch nichts von den beiden deutschen Staaten übrig bleiben würde. Ich will jetzt auf die Details nicht weiter eingehen, dazu ist inzwischen viel publiziert worden, viel Falsches, aber auch viel Richtiges. Tatsache bleibt: Die Provokation ging von der NATO aus, der von ihr losgetretene Wettlauf war – wenn denn nicht in kriegerischer Absicht – so doch mit der Intention des Totrüstens der Gegenseite forciert worden. Wir wissen: Die Absicht ist aufgegangen, die Sowjetunion ging unter. Jetzt aber tragen die USA und ihre Verbündeten an der Last jener Jahre. Jetzt zahlen die Völker die Zeche, jetzt drückt der Rüstungswahnsinn die Gurgel.

Vor diesem friedensbedrohenden Hintergrund von einer »Militarisierung« zu sprechen ist weltfremd und blauäugig. Die DDR hat keine Mark mehr für die Landesverteidigung und die Bündnisverpflichtungen ausgegeben, als unbedingt nötig war. Diese Mittel fehlten in unserem Haushalt, die Decke war ohnehin kurz, und sie wurde aus verschiedenen Gründen immer kürzer. Jene zuständigen Genossen, die unter diesen mörderischen Bedingungen die tägliche Zahlungsfähigkeit der DDR aufrechterhielten, hatten meinen allergrößten Respekt.

Dass wir aber nicht gebannt wie das Kaninchen auf die Schlange starrten und auch auf verschiedene Weise die Landesverteidigung zu stärken suchten, war doch normal. Wir hielten es da mit Wilhelm Busch:

Ganz unverhofft, an einem Hügel,
Sind sich begegnet Fuchs und Igel.
»Halt«, rief der Fuchs, »du Bösewicht!
Kennst du des Königs Order nicht?

Ist nicht der Friede längst verkündigt,
Und weißt du nicht, dass jeder sündigt,
der immer noch gerüstet geht? –
Im Namen seiner Majestät,

Geh her und übergib dein Fell!«
Der Igel sprach: »Nur nicht so schnell!
Lass dir erst deine Zähne brechen,
Dann wollen wir uns weiter sprechen.«

Und alsogleich macht er sich rund,
Schließt seinen dichten Stachelbund
Und trotzt getrost der ganzen Welt,
Bewaffnet, doch als Friedensheld.

War das Schulstoff?
Es war.

Es ist wenig tröstlich zu sehen, dass uns heute die Geschichte auf vielen Gebieten Recht gibt – auch in der Frage von Krieg und Frieden. Wir sind weg, die regionalen, nationalen und globalen Auseinandersetzungen nehmen dennoch zu: an Umfang und Schärfe.
Es geht ja nicht ums Rechthaben, sondern um die Veränderung der Welt. Da sind die von uns gemachten Erfahrungen in Gegenwart und Zukunft vielleicht ganz nützlich.

Die des Wehrkundeunterrichts auch?
Wohl eher nicht.

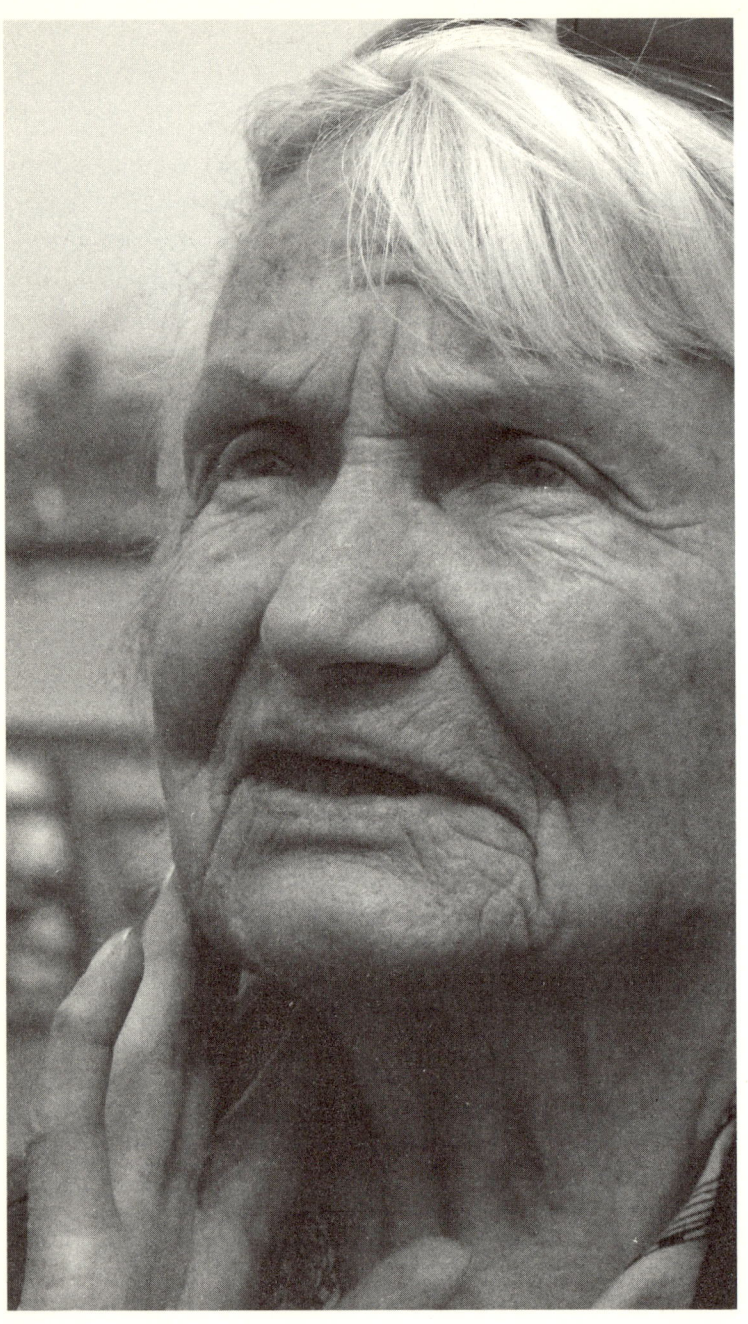

Mal eine Zwischenbilanz

Ende der 80er Jahre waren 92 Prozent der DDR-Frauen und Mädchen im arbeitsfähigen Alter berufstätig oder studierten. Angesichts heutiger Verhältnis kaum vorstellbar.

Nicht wahr! Das aber war nur möglich, weil dafür die notwendigen gesellschaftlichen Rahmenbedingungen existierten – und die sind in Jahrzehnten geschaffen und stetig und planmäßig entwickelt worden. Bevor ich auf diese jedoch eingehe, will ich noch kurz etwas zu dieser Vollbeschäftigung der Frauen sagen. Es wurde damals (und wird auch noch heute) diese Tatsache entwertet, indem man sagt: Die Frauen mussten ja arbeiten, weil das Geld des Mannes nicht reichte und im Mangel-Staat DDR selbst Arbeitskräfte knapp waren. Das ist Unsinn.

Der Sozialismus hat ein grundsätzlich anderes Frauenbild. Mann und Frau – sieht man einmal von den geschlechtsspezifischen Unterschieden ab – sind grundsätzlich gleich. Ehefrauen sind keine Anhängsel des Mannes und nicht reduziert auf die drei K, wie es in der bürgerlichen Gesellschaft der Fall ist. Die Arbeit hat auch einen anderen Stellenwert. Dort verwirklicht sich der Mensch, findet soziale Kommunikation statt. Zudem sind Frauen dadurch auch ökonomisch unabhängig. Sie können selbstbestimmt entscheiden, sich entwickeln, sich emanzipieren. DDR-Frauen hatten darum auch ein anderes Verständnis von Emanzipation als ihre Geschlechtsgenossinnen in der kapitalistischen, patriarchalischen Welt. Sie mussten (und müssen) ihren eigenen Fortschritt nicht wie jene gegen die Männer durchsetzen.

In der sozialistischen Gesellschaft gab es eine Interessenkongruenz, keine Konkurrenz zwischen Mann und Frau. Die Emanzipation der ganzen Gesellschaft war die Voraussetzung für die Emanzipation des Einzelnen und umgekehrt. Frauen und Männer waren folglich Partner, nicht Gegner. Fortschritte bei der Gleichberechtigung erzielte man gemeinsam und nicht gegeneinander.

Ostdeutsche Frauen sind noch heute im Durchschnitt selbstbewusster, couragierter, bodenständiger. Das schleift sich auch in zwei Jahrzehnten nicht ab.

Das können Sie besser beurteilen, ich lebe nicht mehr dort. Aber ich will auf die Ausgangsfrage zurückkommen: Was waren die Voraussetzungen, dass die Frauen arbeiten oder sich qualifizieren konnten, obwohl sie Kinder hatten? Sie konnte das, weil ihre Kinder behütet aufwuchsen und liebevoll von qualifizierten Erziehern betreut wurden. Über 80 Prozent der Kinder unter drei Jahren befanden sich in der Obhut einer Kinderkrippe, und nahezu alle Drei- bis Sechsjährigen besuchten den Kindergarten.

Die aktuellen Zahlen der Bundesrepublik kennen Sie besser, die muss ich hier nicht zum Vergleich anführen.

Ich kenne auch die subtilen Verunglimpfungen der DDR-Kindergärten. Die Hamburger »Zeit« beispielsweise schrieb am 31. Juli 2006: »Seit dem 1. September 1985 regelte das Blaue Buch, der ›Bildungs- und Erziehungsplan für den Kindergarten‹, verbindlich die pädagogische Arbeit. [...] Die Erzieherinnen mussten jeden Tag schriftlich planen, um gut für die Arbeit mit den Kindern vorbereitet zu sein und ihre Pädagogik unter einheitlichen Gesichtspunkten zu durchdenken. Das bedeutete auch, dass der Tagesablauf bis ins Detail geregelt war. Dazu gehörte zum Beispiel die tägliche Bettruhe, das gemeinsame Waschen davor. Auf die Gesundheit wurde besonders geachtet. Ein fester Tagesablauf, Bewegung, frische Luft und gesunde Ernährung sollten dem Nervensystem und Organismus der Kinder nachweislich gut tun. Das Personal hatte den Nachwuchs gemäß Lehrplan so zu lenken, dass das Wissen, Können und Verhalten, das sich die Kinder aneigneten, den angestrebten gesellschaftlichen Zielen entsprach. Die wurden zentral festgelegt.«

Hatte sich nicht einer mal über das »kollektive Topfen« mokiert, worin er die Quelle allen ostdeutschen Übels nach der »Wende« sah?

Das bezog er auf die Kinderkrippen, aber so richtig ernst genommen, glaube ich, hat den Professor aus Niedersachsen niemand.

Das Zitat, das Sie mir gerade vorlasen, verrät doch das Dilemma im Denken solcher Leute: Alles, was nach Plan und Regel riecht, ist grundsätzlich falsch, weil es angeblich Individualität verhindert. Das Gegenteil ist doch der Fall: Wenn geregelte Rahmenbedingungen existieren, wenn Versorgung, Ablauf, Betreuung stimmen, kann sich erst Individualität entfalten, können Talente entwickelt werden. In dieser Hinsicht waren wir mitunter sogar ein wenig übereifrig, weshalb ich mir auf dem 89er Pädagogenkongress nicht die Bemerkung verkneifen konnte, dass ein Kind, wenn es denn einige Male schwimmen gegangen sei, nicht gleich »gesichtet« werden müsse …

Das stimmt, die Sporttalentesucher – heute heißen sie beschönigend Scouts – schauten sich bereits in den Kindergärten nach geeignetem Nachwuchs um. Wenn sich ihre Prognosen bestätigten, kamen diese Talente an eine der 25

Kinder- und Jugendsportschulen (KJS). Diese systematische Ausspähung von Talenten war die eigentliche Basis für die Erfolge des DDR-Sport. Bei einer Dienstreise in die Sowjetunion fragte mich mal ein hoher Komsomolfunktionär, wie es möglich sei, dass 17 Millionen Ostdeutsche so viele Medaillen gewinnen würden, mehr als seine 240 Millionen Landsleute. Mir schien, er war ein Anhänger der »Tonnenideologie«.

Wir sollten korrekterweise hinzufügen, dass die Kinder, die von den Talentesuchern ausgespäht wurden, danach mit den Eltern sprachen. Wenn diese nicht zustimmten, konnten die Hebelgesetze fürs Geräteturnen noch so günstig oder das Körpergefühl fürs Eistanzen bei ihrem Kind noch so ausgeprägt sein: Dann hieß Nein auch wirklich nein.

Falls die Eltern jedoch nichts dagegen hatten, standen dem potenziellen Sporttalent natürlich alle Wege offen.

Naja, so uneigennützig sponserte Vater Staat nicht. Mit dem Sport holten wir uns auf der Weltbühne jene Anerkennung, die uns verweigert wurde. Nicht grundlos nannten wir eine Zeitlang unsere Athleten »Diplomaten im Trainingsanzug«.

Also da muss ich staunen, wieso diese Einschränkung? Jegliche Ausbildung in jedem Staat ist nie Selbstzweck und erfolgt gar um ihrer selbst willen. Sie tun ja gerade so, als würde – nehmen wir mal die Bundesrepublik als Beispiel – Bildung als Dienstleistung angeboten werden, die man annehmen oder verweigern könnte. Es gibt hier, wie in den meisten anderen europäischen Staaten auch, eine Schul- bzw. Unterrichtspflicht. Im Artikel 7 Abs. 1 des Grundgesetzes heißt es: »Das gesamte Schulwesen steht unter der Aufsicht des Staates.« Das hat eine lange Vorgeschichte. 1592 führte die deutsche Reichsstadt Strassburg im Elsass weltweit erstmals die allgemeine Schulpflicht für Mädchen und Knaben ein. Danach folgten viele protestantische Fürstentümer. Warum: Weil von Luther die Vorgabe kam. Der hatte schon 1524 eine entsprechende Aufforderung drucken lassen: »An die Ratsherren aller Städte deutschen Landes, dass sie christliche Schulen aufrichten und halten sollen«.

Warum wohl machte der bürgerliche Staat seine Lehrer gar zu Beamten?

Damit sie widerspruchslos besorgten, was er sagte, was er ihnen also als Dienstherr vorschrieb.

Genau. Als Hoheitsträger des kaiserlichen oder des bürgerlichen Staates setzten (und setzen) sie dessen Interessen durch, sie lehrten und erzogen und »produzieren« staatstragende Staatsbürger, die das Gemeinwesen so reproduzierten, wie es verfasst war und bis in alle Ewigkeit sein sollte.

Wenn nun aber der sozialistische Staat sich seine Staatsbürger »erzog«, sie zu sozialistischen Persönlichkeiten heranbildete, wurde und wird das entschieden kritisiert.

Aber auch das muss nicht verwundern. Diese Kritik ist Element der Klassenauseinandersetzung.

Und das, obwohl auch wir für Martin Luther waren.

Wir waren jedoch mehr für den Thüringer Friedrich Fröbel, den Schüler Pestalozzis, der in Bad Blankenburg 1840 den ersten deutschen Kindergarten einrichtete und damit ein Wort kreierte, das in viele Sprachen eingegangen ist. Fröbel gründete auch die erste Schule für Kindergärtnerinnen. Unser Bildungskonzept für die annähernd 12.000 Kindergärten, die wir in der DDR hatten – in denen bei geburtenstarken Jahrgängen an die 700.000 Kinder betreut wurden –, ging auf Fröbel zurück. Er hat diese Einrichtung von der Kinderbewahranstalt zur Erziehungseinrichtung gemacht.

Ich habe, das nur nebenbei, in einem Standesamt in der Berliner Fröbel-Straße geheiratet. Die Nazis hatten sie 1937 in »Nordmarkstraße« umgetauft. Über die Gründe muss man nicht spekulieren.
Um noch einmal auf die Kindergärten zurückzukommen: Es schwang bei der massiven Ablehnung der Kindergärten – aber auch da ruderten inzwischen die Konservativen zurück – immer die Vorhaltung mit, dass sich Rabenmütter und -väter um ihre Verantwortung drückten. Die Familie sei wichtig. Und deshalb gibt es Mutterschaftsgeld, Kinderbetreuungsgeld, Erziehungsurlaub, Elterngeld, Erziehungsgeld und ähnliche Regelungen. Wie sehen Sie das?

Ich werde mich nicht dazu äußern, weil unter den gegebenen gesellschaftlichen Verhältnissen manche Mutter und mancher Vater zur Existenzsicherung auf jede Zuwendung dringend angewiesen ist. Das alles aber, und dagegen richtet sich wohl nicht nur meine Kritik, sind keine Problemlösungen, sondern allenfalls Versuche, Symptome zu mildern.

Die Vorhaltung der Lieblosigkeit ist nicht neu und damals so unbegründet wie heute. Wir haben nie einen Zweifel daran gelassen, dass der Staat nicht die Eltern ersetzen kann. Auf dem bereits mehrfach zitierten Pädagogenkongress im Juni 1989 habe ich – für jedermann nachlesbar – erklärt: »Die großzügige Unterstützung und Förderung der Familie, ihre Rechte sind natürlich auch mit der Pflicht der Eltern verbunden, die Kinder gut zu erziehen.« Damit habe ich explizit auf den Platz der Fami-

Die Ministerin mit Eberhard Aurich (r.), 1. Sekretär des FDJ-Zentralrats von 1983 bis 1989, links hinter ihr Wilfried Poßner, von 1984 bis 1989 Vorsitzender der Pionierorganisation »Ernst Thälmann«

lie im Erziehungsprozess verwiesen, aber im Weiteren ebenfalls die Verantwortung der Gesellschaft dabei benannt: »Auch wenn bei uns die Privatsphäre der Familie durch Recht und Gesetz geschützt ist, kann und darf es niemanden in unserer Gesellschaft gleichgültig lassen, wenn es um Probleme geht, die die Entwicklung der Kinder betreffen. Wo Konflikte auftauchen, die sich negativ auf die Kinder auswirken, muss man helfen, soll man sich nicht gleichgültig dazu verhalten – weder im Arbeitskollektiv noch in der Wohngemeinschaft. Vor allem aber ist immer ein vertrauensvolles Zugehen der Pädagogen auf das Elternhaus und umgekehrt nötig.

Es wäre sicher am realen Leben vorbeigedacht, würde man sagen, dass Eltern und Kinder unbegrenzt Zeit füreinander haben können. Aber alle Möglichkeiten zu suchen und zu nutzen, sich den Kindern zuzuwenden, vieles, was in einer Familie zu tun ist, gemeinsam zu tun, miteinander zu reden, ob auf dem Weg zum Kindergarten, bei gemeinsamer Hausarbeit oder am Abendbrottisch, die Freizeit wirklich für gemeinsame Unternehmungen mit den Kindern zu nutzen, Abgespanntheit oder Ärger die Kinder nicht gleich spüren zu lassen, das ist keine Frage der Zeit, sondern des Verhältnisses zueinander. Aneinander denken, kleine Aufmerksamkeiten, fröhlich sein miteinander, der Trost und die Hilfe bei Sorgen, daran werden die Kinder später mit Wärme zurückdenken, das prägt ihren Umgang mit anderen Menschen.«

Das galt ja nicht nur für Kindergarten-Kinder.
Natürlich nicht. Erziehung ist ein komplizierter, langwieriger Prozess. Dabei sind, zumindest ich sah das damals so, Eltern und Pädagogen natürliche Verbündete. Und ideal war (und ist) es, wenn die persönlichen Vorstellungen der Eltern mit den gesellschaftlichen Ansprüchen und Interessen übereinstimmen oder miteinander korrespondieren, aber keinesfalls konträr sind. Das stürzt Kinder in tiefe Konflikte. Das ist ein Leben wie in zwei Welten und bringt Heuchler und schlimmstenfalls Feinde hervor – entweder Gegner in Bezug auf die Familie oder in Bezug auf die Gesellschaft.

Das genau war der Zwiespalt, in welchem manche Familie lebte. Nicht jeder Bürger der DDR war auch deren Freund. Deshalb wollten am Ende auch so viele weg.
Ich stimme Ihnen zu: In der DDR lebten nicht nur überzeugte Sozialisten. Und Sie haben weiterhin recht:

Nicht in jeder Familie wurde die staatliche Erziehung ihrer Kinder goutiert, unser Ziel, allseitig gebildete sozialistische Persönlichkeiten heranzubilden, wurde gelegentlich auch abgelehnt. Aber ich widerspreche: Die meisten Menschen, die der DDR den Rücken kehrten, taten dies nicht, um ihren Kindern eine andere Schule mit anderen Erziehungszielen zu ermöglichen. Die meisten gingen, weil sie sich in der BRD ein besseres, bequemeres Leben versprachen. Sie waren das, was man heute als Wirtschaftsflüchtlinge bezeichnet. Und oft ließen sie sogar ihre Kinder zurück.

Die dann »zwangsadoptiert« wurden.
Sie wurden in gute Hände gegeben. Ein Heim kann das Elternhaus nie ersetzen. Das betraf auch vernachlässigte Kinder, die aus asozialen, verwahrlosten Familien nicht willkürlich, sondern per Gerichtsentscheid genommen werden mussten, oder wo Vater oder Mutter zu langjährigen Haftstrafen verurteilt worden waren und keine weiteren Familienangehörigen existierten, die sie hätten aufnehmen können. Die Entscheidung über den Entzug des Sorgerechts trafen aber in jedem Falle die Gerichte und sonst niemand.

Mitunter erfolgte auch die Adoption, ja. Die Kriterien dafür waren jedoch mindestens genau so streng wie in der Bundesrepublik. Schon die Bezeichnung »Zwangsadaption« ist falsch, aber wunderbar demagogisch. Wer hat welchen Zwang ausgeübt? Doch wohl diejenigen, die ihre Kinder verantwortungslos zurückließen und damit die DDR zwangen, sich ihrer anzunehmen.

In diesem Kontext möchte ich daran erinnern, dass wir fast 48.000 ehrenamtliche Jugendhelfer, Pfleger, Erziehungshelfer und Vormunde (oder sagt man Vormünder?)

hatten. Sie kamen aus unterschiedlichen Berufen und berieten bzw. unterstützen die Jugendhilfe, Pädagogen, Mütter und Väter bei der Wahrnehmung ihrer Erziehungspflichten oder eben in kritischen Problemfällen, über die wir eben sprachen.

Sie sagten als Ministerin und haben es jetzt noch einmal indirekt bekräftigt, dass die Verantwortung der Eltern für die Erziehung der Kinder Verantwortung für eine staatsbürgerliche Erziehung einschloss.

Na selbstverständlich. Wie soll sich denn ein heranwachsender junger Mensch in der Welt zurechtfinden, wenn er kein Koordinatensystem hat?

Womit wir beim Thema »Erziehung der Erzieher« wären.

Das ist richtig. Wobei das natürlich sowohl auf die Eltern als auch auf die Pädagogen zielt. Ich meine, dass das ein langer und dynamischer Vorgang ist. Lang deshalb, weil hier nicht mit dem Nürnberger Trichter gearbeitet werden kann. Und dynamisch darum, weil sich im Laufe der Jahre jede Gesellschaft entwickelt und verändert. Da greifen nationale wie internationale Vorgänge ineinander. Man kann auch sagen: wie sich die Klassenkampfsituation verändert.

Natürlich wird geforscht und untersucht, Erziehungswissenschaft und Lernmethoden werden komplexer, veraltete Formen werden über Bord geworfen, da ist viel Bewegung. Wenn diese aber direkt und sofort auf die Erziehung übertragen wird, ist das nicht in jedem Fall ein Fortschritt. Die Schule ist kein Versuchslabor, kein Feld zur Profilierung von Bildungspolitikern. Aber genau dort meinen sich manche austoben zu müssen, wie ich seit Jahren beobachte. Die Bildung ist Ländersache in der föderalen Bundesrepublik, der jeweilige Kultusminister hat die Mütze auf. Es ist wohl das einzige bestellbare Feld in der Landespolitik, alles andere wird von Berlin oder Brüssel bestimmt. Jeder ehrgeizige Kultusminister möchte nun in den vier oder wie viel Amtsjahren, die ihm gegeben sind, der Erziehungspolitik in seinem Ländchen seinen Stempel aufdrücken, gleichsam ein Denkmal hinterlassen. Ich las und hörte von kleinkarierten Vorschriften, die mindestens zweimal Unruhe erzeugten – bei der Umsetzung und bei der Abschaffung durch den Nachfolger. Da meine ich noch nicht einmal das Umräumen der Stühle und Tische, wenn von Frontal- auf Gruppenunterricht gewechselt wird und zurück, mal die Tische in U-Form, mal im Quadrat stehen. Das ist ja nur Ausdruck, nicht Ursprung des Problems. Das nämlich ist der kurzsichtige Gedanke, man müsse Zeichen setzen und Spuren hinterlassen. Minister sollten nicht in erster Linie an sich, sondern an ihre Funktion und Aufgabe denken. Wenn sie diese ordentlich erledigen, bleiben sie auch in guter Erinnerung.

Erziehung der Erzieher

In der Volksbildung der DDR waren Ende der 80er Jahre rund 185.000 Lehrerinnen und Lehrer tätig, sie hatten Fach- und Hochschulen absolviert und betreuten etwa 600.000 Schüler.
Ich glaube, es waren sogar ein paar mehr.

Mag sein, mir geht es um die Relation. Statistisch gesehen kam also auf weniger als vier Schüler ein Pädagoge. Ein gutes Verhältnis?
Ich denke schon. Wir haben präzise gearbeitet, setzten die Entwicklung der Bevölkerung inklusive Geburtenrate ins Verhältnis zu Schulen und Klassenstärken, berücksichtigen die Abgänge von Lehrern in die Rente und gewannen daraus einen Schlüssel, wie viele junge Menschen für ein Pädagogikstudium in welchen Fächern und Ausbildungsprofilen gewonnen werden mussten. So etwas nennt man perspektivische Planung. Dadurch hatten wir im Prinzip nie zu viele oder zu wenige Lehrer.

Sie wurden an neun Pädagogische Hochschulen ausgebildet. Daneben bildeten wir auch Lehrkräfte für Polytechnische Oberschulen, Sonderschulen und Berufschulen an Universitäten aus. Das Studium dauerte, wie meist, vier Jahre, in den 80er Jahren kam noch ein fünftes Jahr hinzu, das war ein großes Schulpraktikum. Unterstufenlehrer (1. bis 4. Klasse), Heimerzieher und Pionierleiter wurden an den Instituten für Lehrerbildung (IfL) ausgebildet. Das war ein vierjähriges Fachschulstudium, welches nach der 10. Klasse (also ohne Abitur) absolviert werden konnte. Wir hatten davon sechs, das siebte war das Sorbische Institut für Lehrerbildung »Karl Jannack«. Wir haben dieses IfL 1946 im Schloss in Radibor eröffnet, später zog es nach Bautzen. 1991 wurde es geschlossen.

Den Hinweis auf die planmäßige Gewinnung und Ausbildung von Pädagogen finde ich insofern interessant, als wir ja seit zwanzig Jahren unablässig mit Meldungen konfrontiert werden, die die Planlosigkeit in diesem Bereich deutlich machen. Mal gibt es zu viele Lehrer, mal zu wenige. Dann wieder zahlen sie in einem Bundesland mehr als in dem anderen, worauf viele wechseln, sofern sie nicht verbeamtet sind. Der Lehrermangel führt zu Ausfällen oder zu übergroßen Klassen. Grundproblem, wie meist, ist das fehlende Geld. Es wird gespart.

Geld zur Rettung von Banken aber ist vorhanden.

Selbstverständlich. Das System muss gerettet werden, nicht die maroden Schulen, Turn- und Schwimmhallen etc. Wobei selbst dort beschönigt und geschummelt wird. Die Kultusministerien verbreiteten erst wieder zu Jahresbeginn 2012, dass so gut wie kein Unterricht ausfalle. Eltern, Schüler und Schulleiter wissen es jedoch genauer: Bis zu zehn Prozent des Unterrichts bundesweit findet nicht statt, man spricht von 1,2 Millionen Ausfallstunden pro Woche. Fachleute haben errechnet: Während einer gymnasialen Schullaufbahn summiert sich der Unterrichtsausfall auf ein komplettes Schuljahr. Auf der anderen Seite sind Zehntausende vornehmlich junge Lehrer ohne festen Job. Ich las eine Mitteilung des Deutschen Lehrerverbandes, der schätzt, dass aktuell rund 50.000 Nachwuchslehrer ohne angemessene Beschäftigung seien.

Was heißt das?

Sie schlagen sich als Aushilfslehrer durch, haben Verträge über drei oder sechs Monate. Es gibt nicht einmal Jahresverträge, weil man die Sommerferien sparen will. Also gibt es eine befristete Anstellung über lediglich zehneinhalb Monate. Manche Schüler, so hieß es in der Meldung, müssten in einem Fach zwei oder drei Lehrerwechsel während eines Schuljahres verkraften. Da greift sich unsereiner doch an den Kopf.

Und wie zu vermuten, tauchen diese Lehrer auch in keiner Arbeitslosenstatistik auf.

Natürlich nicht. Nur jeder Fünfte meldet sich als arbeitsuchend, weil die meisten dieser jungen Lehrer keine Stütze kriegen. In ihrer Referendarzeit (das war unser fünftes Jahr, das große Praktikum) waren sie als »Beamte auf Widerruf« nicht sozialversicherungspflichtig, daher haben sie auch keinen Anspruch auf Arbeitslosengeld I. Und wenn sie verheiratet sind und der Partner verdient, kriegen sie nicht mal ALG II – bekannter als Hartz IV. Und wohin sollen sie von den Arbeitsagenturen auch vermittelt werden? Im Dezember 2011 waren bundesweit lediglich 1.876 offene Arbeitsstellen an allgemeinbildenden Schulen oder Berufsschulen ausgewiesen.

Ich sehe, Sie stehen im Stoff. Aber eigentlich wollen wir uns über das Bildungswesen der DDR und nicht das der BRD unterhalten.

Ich glaube jedenfalls, letzter Satz dazu, dass unsere Pädagogen wenig Chancen hätten. Es heißt nämlich, die Aussichten für Deutsch-, Geschichts- und Englischlehrer seien besonders schlecht. Selbst ein Notendurchschnitt von 1,3 bis 1,6 in diesen Fächern reiche in einzelnen Bundesländern nicht für eine Festanstellung.

Verstehe. An den zehnklassigen allgemeinbildenden polytechnischen Oberschulen der DDR befassten sich 22,9 Prozent des Unterrichts mit »Deutscher Sprache und Literatur«, Geschichte war mit 10,9 und Fremdsprachen mit 11 Prozent vertreten. Dafür hatten wir die entsprechenden Fachlehrer ausgebildet, sie bestritten demzufolge fast die Hälfte des Unterrichts. Also wenn sie jetzt frisch von der Schule gekommen wären: Sie hätten mit diesen Fächern selbst mit exzellenten Abschlüssen in diesem Land nur geringe Chancen auf eine Anstellung ... Die Zahlen können Sie gern bei der Staatlichen Zentralverwaltung für Statistik der DDR vom Mai 1989 nachlesen.

Wir wissen, dass für eine durchschnittlich vier Jahrzehnte währende Berufstätigkeit das Wissen nicht ausreicht, welches man in der Ausbildung oder beim Studium mit auf den Weg bekam. Bei Pädagogen, insbesondere bei Fachlehrern, scheint die Notwendigkeit der ständigen Adaption von Neuem besonders hoch. Mathelehrer vielleicht mal ausgenommen, an den Grundrechenarten wird sich auch in den nächsten tausend Jahren kaum etwas ändern.

Dieses Problems waren wir uns bewusst. Die Autorität eines Lehrers hing (und hängt) vom fachlichen Können, seinem pädagogischen Vermögen und dem Vertrauen ab, das er bei den Schülern genoss. Ohne Autorität keine wirksame Erziehung. Man erwirbt aber Autorität weder durch Kumpelhaftigkeit (»Ich bin der Jens, ihr dürft du zu mir sagen«) noch durch Strenge und Administrieren. Sondern durch Wissen. An erster Stelle stand daher fachliches Können, damit überzeugte man am meisten. Darum legten wir großen Wert auf eine kontinuierliche, theoretisch fundierte und praxisverbundene Qualifizierung unseres pädagogischen Personals. Die Weiterbildung erfolgte sowohl individuell als auch kollektiv, regelmäßig und systematisch. Es gab Grund-, Fach- und Spezialkurse, postgraduale Studien und Erfahrungsaustausche, es wurden obligatorische und fakultative Themen behandelt.

Anfang der 80er Jahre hatten wir auch mit der Umgestaltung der Lehrerbildung begonnen. Für alle Studienrichtungen des Lehrer- und Erzieherstudiums wurden neue Studienpläne und Lehrprogramme eingeführt. Wir erweiterten die Diplomlehrerausbildung um ein Jahr, nämlich um dieses Praktikum, das ich bereits erwähnte.

Tat sich auch in materieller Hinsicht etwas?
Es wurden in jenem Jahrzehnt beachtliche Mittel zur Erhaltung und Rekonstruktion von Lehrgebäuden und Studentenwohnheimen eingesetzt, es gab auch eine Reihe von Neubauten. Allein bei den Pädagogischen Hoch- und Fachschulen wurden etwa 7.600 Wohnheimplätze neu geschaffen. Wir hatten in der Regel auch etwa 1.100 Kinder – Studentenehepaare oder Studentinnen mit Kind –, was uns veranlasste, entsprechende Quartiere in den Wohnheimen zur Verfügung zu stellen. Kind war kein Hindernis für ein erfolgreiches Studium. Es gab ja auch Krippen- und Kindergartenplätze.

Zu schön um wahr zu sein ...
Wie war es während Ihres Studiums?

Naja, ich habe davon nicht viel mitbekommen. Meine Frau arbeitete in einem thüringischen Dorf als Kindergartenleiterin, sie brachte jeden Tag unseren Sohn in den Nachbarort, wo sich die Krippe befand. Wenn sie den Schulbus erwischte, war es gut. Aber oft schob sie den Kinderwagen durch Schnee und Regen, der Wind fegte kalt durch die Erfurter Tiefebene. Ich aber saß in Leipzig im Warmen und studierte.

Vermutlich ging es nicht nur ihrer Frau so. Das Leben war auch unter sozialistischen Verhältnissen nicht immer gerecht und einfach. Aber der Grund war gelegt, schrittweise ging es doch vorwärts.

Ja, natürlich. Ich beendete das Studium, wir kriegten in Berlin eine Wohnung und noch zwei Kinder. Viele Jahre nach der »Wende«, als wir bei irgendeiner Feier zusammensaßen, sagte der Mittlere, welcher schon geraume Zeit in Hamburg lebt und arbeitet: »Mensch, Papa, nun lass

Auf einer Schulmesse

*mal die olle DDR ruhn, sie ist vorbei und vergessen.«
Darauf sagte ich ihm, er solle mal schön still sein, denn
ohne diese olle DDR gebe es ihn überhaupt nicht. Er
glaube doch nicht im Ernst, dass seine Eltern angesichts
ihrer prekären Einkommen es sich heute leisten könnten,
drei Kinder in die Welt zu setzen und aufzuziehen. Darauf
schwieg er betreten und meinte: Wenn man's so sehe ...
Ja, anders kann man es nicht sehn, antwortete ich ihm.*

Man muss es so sehen. Wenn die wesentlichen Dinge des Lebens – existenzsicherndes Einkommen, eine berufliche Perspektive und eine Zukunft auch für die Kinder – nicht gegeben sind: Was bleibt dann noch vom Leben? Das beherrschen die im Kapitalismus wunderbar: Selbst dem Ärmsten suggerieren sie das Gefühl, er habe alle Freiheit und lebe in der glücklichsten aller Welten.

*Bis endlich einer mal fragt: Welche Freiheit? Demokratie kann ich nicht essen, womit kriege ich meine Kinder satt? Wo bette ich morgen mein Haupt, wenn mich der Vermieter aus der Wohnung wirft, weil ich die Miete nicht mehr aufbringen kann?
Aber wir sind jetzt ein wenig vom Thema abgekommen. Ich wollte noch einmal zur baulichen Substanz der Schulen nachfragen.*

Wir haben alles, was mit der Volksbildung zusammenhing, als Investition in die Zukunft betrachtet: die Ausbildung der Pädagogen, ihr Gehalt und die Altersvorsorge, die Schulgebäude, Turn- und Schwimmhallen ... Deshalb wurde dort nicht unbedingt der Rotstift angesetzt.

Seit Gründung der DDR wurden über 80.000 Unterrichtsräume geschaffen, fast die Hälfte allein in den letzten zwanzig Jahren. Das waren etwa 2.200 sogenannte zweizügige Schulen.

Zweizügig heißt: in jeder Klassenstufe zwei Klassen.

Genau. In jener Zeit wurden auch fast zweieinhalbtausend Schulsporthallen errichtet. Und wir sorgten dafür, dass in Neubaugebieten und in vielen Kommunen Schwimmhallen entstanden, die von den Schulen für den Schwimmunterricht genutzt wurden.

Klaus Huhn, der in einem Berliner Neubaugebiet lebt, blickt aus seiner 9. Etage auf eine solche Halle. Er hatte jüngst Besuch von einer Journalistin von einer großen Zeitung in Frankfurt am Main. Sie blickten hinunter auf die verwaiste Halle, und Huhn erzählte, dass bis vor kurzem hier reger Verkehr geherrscht habe, jetzt sei die Halle zu. Täglich wären Schulklassen im Dutzend zum Sportunterricht durchmarschiert. Die Schwimmhalle hätte man, wie die ganze DDR, gern übernommen. Jetzt aber sieht man sich nicht in der Lage, die nach zwanzig Jahren Dauerbetrieb überholungsbedürftige Halle zu überholen, weil dafür kein Geld da sei. Daraufhin sagte die naseweise Journalistin vom Main: Vielleicht sei die Halle nur deshalb geschlossen worden, weil die Schüler nicht mehr haben baden wollen? Soviel zum Thema Schulschwimmen und Schwimmhallen.

Wenn ich so etwas höre, wird mir immer übel. – Von den etwa 900.000 Kindergartenplätzen, die es Ende der 80er Jahre gab, waren allein 255.000 im letzten Jahrzehnt neu geschaffen oder rekonstruiert worden.

Wie sah es bei den Sonderschulen aus?

Wir hatten 477, dazu gehörten auch 300 Vorschuleinrichtungen und rund 15.000 Internatsplätze. Dort wurden physisch und psychisch geschädigte, elternlose, familiengelöste bzw. gefährdete Kinder und Jugendliche betreut. In den 80er Jahren haben wir 90 neue Sonderschulen gebaut, darunter zwölf Körperbehindertenschulen mit moderner pädagogischer und medizinischer Ausstattung. Neue Lehrpläne und Bildungs- und Erziehungsprogramme, neue Schulbücher sowie eine Vielzahl schädigungsspezifischer Unterrichts- und Hilfsmittel sind entwickelt worden. Wir waren nicht perfekt, aber auf einem guten Weg.

Und der war bestimmt nicht billig.
Allein 1989 haben uns die 470 Heime der Jugendhilfe über 300 Millionen Mark gekostet, um nur ein Beispiel zu geben. Nein, wir haben keinen Grund, unser Licht unter den Scheffel zu stellen. Oder uns wegen vermeintlicher Verletzung der Menschenrechte zu entschuldigen. Wenn das Recht auf Bildung ein Menschenrecht ist – und es ist eins gemäß Art. 26 der Allgemeinen Erklärung der Menschenrechte der Vereinten Nationen vom 10. Dezember 1948 –, dann hat es die DDR in vollem Umfang realisiert.

Was besagt der Artikel?
Das Recht auf Bildung sei ein eigenständiges kulturelles Menschenrecht und ein zentrales Instrument, um die Verwirklichung anderer Menschenrechte zu fördern. Es thematisiere den menschlichen Anspruch auf freien Zugang zu Bildung, Chancengleichheit und das Schulrecht. Bildung sei wichtig für die Fähigkeit des Menschen, sich für die eigenen Rechte einzusetzen und sich im solidarischen Einsatz grundlegender Rechte anderer zu engagieren.

Wir haben das nie anders gesehen und entsprechend gehandelt. Deshalb schloss ich seinerzeit meine Rede auf dem IX. Pädagogischen Kongress nicht grundlos mit diesem Absatz: »Wenn sich in unserem Volke ein früher nie gekannter Bildungsaufschwung entwickelte, wenn Bildung heute in allen Schichten der Bevölkerung zu etwas persönlich Notwendigem, Bedeutsamem und Erstrebenswertem gehört, dann haben Sie, liebe Kolleginnen und Kollegen, alle unsere Lehrer und Erzieher in diesem Lande, daran einen wesentlichen Anteil.«

Mit einer kleinen Chilenin im Hafen von Valparaiso

Vorschulerziehung

Lassen Sie uns noch einmal auf die Kindergärten zu sprechen kommen. Das Thema war und ist in der Bundesrepublik ein Politikum, hierzulande war es das nie. In der DDR, dies nur zur Erinnerung, wurden im letzten Jahr – also im September 1989 – 222.489 Mädchen und Jungen eingeschult. Von denen hatten 98,9 Prozent einen Kindergarten besucht. Kindergärten unterstanden dem Ministerium für Volksbildung, Krippen dem Ministerium für Gesundheitswesen.

Das war vernünftig. Wir wollten allen Kindern die gleichen Entwicklungs- und Bildungschancen bieten, folglich konnte man damit nicht erst mit dem sechsten Lebensjahr oder noch später beginnen. Bekanntlich lernen Kinder immer, und das beginnt sehr früh. Logischerweise war für uns der Bereich der vorschulischen Bildung und Erziehung sehr wichtig.

Spielte dabei nicht auch der Aspekt der Betreuung eine Rolle, also Oma- und Muttiersatz?

Na sicher. Mütter konnten dadurch berufstätig sein, was ja etwas mit Gleichberechtigung und Selbstverwirklichung zu tun hat. Darüber sprachen wir ja bereits. Allerdings ist das nur die halbe Wahrheit, die andere wird in der polemischen Auseinandersetzung mit der DDR und der Kinderkrippenproblematik absichtsvoll verschwiegen. Mütter blieben nach der Geburt eines Kindes in der Regel etwa ein Jahr daheim – und das mit Lohnfortzahlung.

Dieses sogenannte Babyjahr war eine wichtige sozialpolitische Maßnahme. Auch wegen der intensiven Mutter-Kind-Beziehung in dieser Zeit. Die meisten Mütter gaben ihr Kind erst mit dem zweiten Lebensjahr in die Krippe, wo es von Erzieherinnen betreut und erzogen wurden, die zumeist an Medizinischen Fachschulen ausgebildet worden waren.

War die Versorgung mit Krippenplätzen ausreichend?
Gegen Ende der 80er Jahre, so glaube ich mich zu erinnern, war der Bedarf weitgehend gedeckt.

Die Kindergärten besuchten die Drei- bis Sechsjährigen, es wurde dort nach dem »Programm für die Bildungs- und Erziehungsarbeit im Kindergarten« gearbeitet. Das war das sogenannte Blaue Buch. Dennoch hatten die Vorgaben nur Empfehlungscharakter, die von Wissenschaftlern und Erziehern ausgearbeiteten Hinweise wurden eigenverantwortlich von den Erzieherinnen in die pädagogische Arbeit aufgenommen. Warum das?
Dafür gab es mindestens zwei Gründe. Erstens wollten wir bewusst individuellen Spielraum bei der Gestaltung des Tagesablaufes lassen. Und zweitens: Wir hatten in der DDR 275 evangelische und 142 katholische Kindergärten.

Das klingt viel.
Wie man es nimmt. Dort wurden etwa drei Prozent aller Kindergartenkinder betreut. Diese konfessionell gebundenen Einrichtungen waren im pädagogisch-konzeptionellen Bereich völlig frei, es gab keine Kontrollen oder Vorgaben durch den Staat. Die Einrichtungen existierten schon vor der Nazidiktatur und setzten nach 1945

auf ausdrücklichen Wunsch sowohl der sowjetischen Besatzungsmacht als auch der neuen demokratischen Organe ihre Tätigkeit fort.

Der erste Kindergarten in der sowjetisch besetzten Zone öffnete übrigens am 30. Mai 1945 in Berlin-Weißensee »im Auftrag des Antifa-Ausschusses«.

Kindergärten waren gleich nach dem Krieg ein wichtiges Thema. Gab es nichts Wichtigeres?

Sie waren auch in der Nachkriegszeit wichtig. Im Juni 1946 fanden die ersten Kommunalwahlen in der Ostzone statt. Die SED, wenige Monate zuvor aus SPD und KPD entstanden, trat mit einem Wahlprogramm an, das dieses Thema aufgriff. »Die Sozialistische Einheitspartei Deutschlands will die Frauen für das politische Leben gewinnen, weil der Aufbau eines demokratischen Deutschlands ohne die Mitwirkung der Frauen unmöglich ist. Sie nimmt sich der Frauen darum besonders an und fordert daher: Volle Gleichberechtigung der Frau auf allen Gebieten des gesellschaftlichen Lebens. Gleichen Lohn für gleiche Leistung. Ausbau des Mutterschutzes für die arbeitende Frau«, Achtung, jetzt kommt es, »Hilfe für die erwerbstätigen Frauen durch Schaffung von Kindergärten, Kinderhorten, Nähstuben, Waschanstalten und ähnlichen Einrichtungen«.

Wir haben also, wenn man so will, bereits in dieser frühen Phase der antifaschistisch-demokratischen Umwälzung die Verknüpfung von Frauen- und Familienpolitik mit der Vorschulerziehung.

Was ja noch im gleichen Monat mit dem Gesetz zur Demokratisierung der deutschen Schulen in der SBZ verbindlich wurde. Margot Krecker, eine wichtige DDR-Wissenschaftle-

rin, die sich intensiv mit der Vorschulpädagogik beschäftigte, schrieb dazu: »*Damit waren zum ersten Mal in der deutschen Geschichte die Wünsche und Forderungen solcher fortschrittlichen bürgerlichen Pädagogen wie Fröbel und Diesterweg und die schulpolitischen Zielsetzungen Bebels, Zetkins, Neubauers und anderer Vertreter der revolutionären Arbeiterbewegung Wirklichkeit geworden. Der Kindergarten war seinem Wesen entsprechend als pädagogische Einrichtung voll anerkannt und seine Stellung im Bildungssystem gesetzlich fixiert worden, er hatte als gleichberechtigte pädagogische Einrichtung seinen Teil beizutragen, um die Kinder ›zu selbständig denkenden und verantwortungsbewusst handelnden Menschen‹ zu erziehen, die fähig und bereit waren, ›sich voll in den Dienst der Gemeinschaft des Volkes zu stellen‹.« Zwei Jahre später, im Juni 1948, fand eine zentrale Tagung für Vorschulerziehung statt. Dort wurden die Schwerpunkte formuliert.*

Sie wurden von der Thüringer Ministerin für Volksbildung Marie Torhorst vorgetragen. (Übrigens, ihre sehr lesenswerten Erinnerungen erschienen in den 80er Jahren bei Dietz unter dem Titel »Pfarrerstochter – Pädagogin – Kommunistin«). Torhorst nannte fünf Schwerpunkte (körperliche Erziehung, hygienische Erziehung, Entwicklung der geistigen Anlagen und Befähigung der Kinder, sittliche Erziehung und künstlerische Erziehung) und sprach auch zur Notwendigkeit der Erziehung der Kindergärtnerinnen. Neben den 1946 begonnenen Kurzlehrgängen wurden nunmehr auch eine dreijährige Ausbildung eingeführt.

Die Ministerin verschwieg allerdings nicht, dass sich Widerstand dagegen regte, die Kinder »im demokratischen Geist« zu erziehen. Sie sagte damals: »Wenn viele Pädagogen sich erlauben, die Frage der politischen Erziehung weit von sich zu weisen, so ist das ein Zeichen dafür, dass sie ihre pädagogischen Aufgaben überhaupt nicht verstanden haben. Es ist eine politische Aufgabe, das neue Leben und seine neuen Grundsätze zu begreifen, um die neuen Menschen vom Kindergarten an für dieses neue Leben erziehen zu können.«

Das heißt, dass eigentlich von Anfang an eine, nun, sagen wir: ideologische Komponente in der Vorschulerziehung enthalten war.

Es war von Anfang an erklärtes Ziel, die Kinder zur Liebe zum Frieden, zur Völkerfreundschaft, zur Heimat zu erziehen. Das ist ein durchgängiges Motiv. Auf der von unserem Ministerium im Frühjahr 1957 veranstalteten Konferenz der Vorschulerziehung erklärte Volksbildungsminister Fritz Lange: »Der Kindergarten leistet seinen Beitrag zur sozialistischen Erziehung der Jugend, indem er den Altersbesonderheiten des Vorschulkindes entsprechend die kleinen Kinder so erzieht, dass sie sich in die Gemeinschaft des Kindergartens einordnen und für diese den Kräften entsprechend tätig sein können, dass sie darüber hinaus mit Liebe zu ihrer nächsten Umgebung, mit Liebe zur sozialistischen Heimat erfüllt sind.«

Das war, ich gebe es zu, ein wenig kryptisch formuliert, aber als Botschaft durchaus verständlich. Im ersten, 1959 verabschiedeten Bildungsgesetz, war das klarer gesagt: »In Kindergärten und anderen Einrichtungen der vorschulischen Erziehung sind die drei- bis sechsjährigen Kinder auf die Schule vorzubereiten, an das sozialistische Leben heranzuführen und mit dem Schaffen der werktätigen Menschen bekannt zu machen. Die besondere Fürsorge gilt den Kindern berufstätiger Mütter.«

Wie sah das aus?

Die Hauptaufgaben der Bildung und Erziehung für die einzelnen Altersgruppen – jüngere, mittlere und ältere Kinder – waren klar strukturiert. Und wenn ich sie nachfolgend aufzähle, dann einzig deshalb, um dem Eindruck entgegenzuwirken, unsere Kindergärten wären eine Art Parteilehrjahr im infantilen Gewande gewesen. Es ging um die Organisation des Lebens und die Erziehung des Verhaltens, um die Vermittlung von kultivierten und hygienischen Gewohnheiten, es wurde geturnt, gespielt, es gab Spracherziehung, es ging um das Vertrautmachen mit Natur und Gesellschaft, um das Vermitteln von Formen und Zeit, Mengen, Raumvorstellungen und Lagebeziehungen, es fand Musikerziehung statt, es wurde gemalt, gezeichnet, gebastelt, mit Formen und Papier gearbeitet.

Meine Frau, die Kindergärtnerin ist, hat das alles betrieben, ich kann mich noch an ihre abendlichen Vorbereitungen daheim erinnern. Gleichwohl hatte sie immer Schwierigkeiten mit bestimmten Vorgaben. Wie soll man einem Dreijährigen erklären, dass die Republik Geburtstag hat? Wenn Personen Geburtstag haben, war das konkret und fasslich. Aber was ist »die Republik«? Ja, wir alle. – Und was ist nun wieder »alle«? Da stießen die Vorgaben an objektive Erkenntnisgrenzen.

Das glaube ich. Darum haben wir ja den Erzieherinnen freie Hand gelassen, es waren Empfehlungen.

Naja, wenn der 1. Mai im Kalender stand oder der 8. März, der Internationale Frauentag, da kam man schwerlich im Kindergarten daran vorbei.

Der damit verbundenen Probleme, glaube ich, waren wir uns bewusst. Es war eine anspruchsvolle Aufgabe, beides zu sein: »Stätten frohen Kinderlebens«, wie die Kindergärten im zweiten Bildungsgesetz von 1965 genannt wurden, und ein Ort, an dem der Bildungsauftrag, die Kinder zu lehren, »in zunehmendem Maße selbständig in der Gemeinschaft tätig zu sein. Sie sind in einer ihren Kräften und Fähigkeiten angemessenen Weise auf das Lernen in der Schule vorzubereiten und mit dem sozialistischen Leben und dem Schaffen der werktätigen Menschen bekannt zu machen.«

Um mich nicht misszuverstehen: Ich teile die Auffassung, dass man Heranwachsenden nicht erst in höheren Klassen bewusst machen soll, dass es außerhalb der Schule ein ganz anderes Leben gibt. Erstens haben sie das schon längst mitbekommen, zweitens ist es dann bereits zu spät. Sie haben schon selbst die Formen des Umgangs mit der Umwelt bestimmt. Also ist es völlig richtig, einem Kind, das seine Umgebung – mithin: die Welt – erst entdeckt, dabei didaktisch behilflich zu sein, ihm die Augen zu öffnen und zu sagen, was gut und was schlecht ist. Eben genau das zu machen, was Sie – als Ministerin – im Mai 1970 auf dem VII. Pädagogischen Kongress formuliert hatten. Aufgabe der Vorschulerziehung sei es, »die geistigen und körperlichen Fähigkeiten der Kinder auszubilden, ihre Sprache und ihr Denken zu entwickeln, sie mit dem gesellschaftlichem Leben und der Natur bekannt zu machen«.

Sie wollen auf die Frage hinaus: Wie sag ich's meinem Kinde?

Genau.
1970 sagte ich: »Es geht nicht darum, den Kindern Schulstoff zu vermitteln, wir wollen sie aber in die An-

fänge einfachster mathematischer Zusammenhänge einführen, ihre schöpferischen Fähigkeiten im Malen, Zeichnen, Formen, Konstruieren, Singen, Tanzen, Darstellen ausbilden. Die Erziehungsarbeit in unseren Kindergärten ist darauf ausgerichtet, die Kinder zur Liebe zur Heimat, zur Achtung vor dem werktätigen Menschen, zur Freundschaft und Solidarität zu erziehen, ihre Wissbegierde und Freude am Lernen und an der Arbeit wecken.« Und auch an die Adresse der Missversteher gerichtet, schloss ich an: »Das Leben im Kindergarten soll froh und interessant sein. Die Atmosphäre muss dazu beitragen, dass sich freundschaftliche Gefühle der Kinder untereinander, ihr Bedürfnis entwickeln, für die Gemeinschaft Nützliches zu tun, dass sich sittliche Gewohnheiten und ein guter Geschmack herausbilden können.«

An diesen Prämissen hat sich bis zum Ende der DDR nichts geändert.

Es wurden in den 70er Jahren auch die Rahmenbedingungen verbessert. Daran wurde ich erinnert, als ich meinen Ältesten unlängst über den Leerlauf klagen hörte, den es zwischen Ablieferung seiner Tochter im Kindergarten (welche bis zu einer bestimmten Zeit zu erfolgen hatte) und seinem offiziellen Arbeitsbeginn gab. Verplemperte Zeit. In der DDR gab es eine Verordnung, dass die Arbeitszeit der Eltern mit den Öffnungszeiten der Kindergärten korrespondieren musste. Längere Anfahrtswege für die Kinder wurden vermieden, indem Einrichtungen in Wohnortnähe geschaffen wurden. Bei Neu- und Ausbau kombinierte man die Einrichtungen zudem, d. h. Kinderkrippe und Kindergarten befanden sich im selben Gebäudekomplex. Damit berücksichtigte man, dass junge Ehepaare in der DDR nicht nur ein Kind bekamen, und dann auch meist nacheinander. Der Vorzug der »Kombis«: Oben gab man das Krippenkind ab, unten das Kindergartenkind. Und dann ging es direkt zur Arbeit. Und abends umgekehrt. Das war höchst effektiv.

Das kriegt man im Wortsinne nur auf die Reihe, wenn alle Institutionen des Staates an einem Strang ziehen.

Oder im selben Boot sitzen und in die gleiche Richtung rudern, weil jedem Ruderer das Ziel nicht nur bekannt ist, sondern auch von jedem erreicht werden möchte. Jaja, allerdings läuft das nicht so mechanistisch.

Das stimmt, jeder hat seinen eigenen Kopf und nicht nur individuelle Anlagen, sondern auch individuelle Interessen. Das gilt ebenfalls für Institutionen, oder präziser gesagt: für deren Leiter.

Trotzdem: Ein solches Miteinander muss politisch organisiert werden, das fügt sich nicht im Selbstlauf zueinander. So wenig wie der Markt irgendetwas richtet, so wenig findet eine Gesellschaft zu sich ohne Vorgaben und Orientierung, ohne eine geistige Klammer. Ich fand es ziemlich absurd, als man nach dem Anschluss der DDR den Ostdeutschen mit der Formel schmeichelte, dass sie in vierzig Jahren wahrlich Großes geleistet hätten – »trotz SED«. Das war ungefähr so, als bescheinigte man einem Kapitän nach der Seefahrt, dass er »trotz Kompass« angekommen sei.

Lassen Sie uns beim Kindergarten und dem »Blauen Buch« bleiben, das Sie Mitte der 80er Jahre auf den Weg gebracht haben. Nach der »Wende« schien es etlichen Kritikern im Wort- wie im übertragenen Sinne ein rotes Tuch zu sein. Obwohl es doch von Pädagogen, Psychologen, Methodikern und Praktikern gemeinsam erarbeitet wor-

den war, hieß es jetzt vorwurfsvoll, Sie hätten parteipolitische Forderungen in das Programm für die Bildungs- und Erziehungsarbeit im Kindergarten hineingedrückt.

Das ist doch Unsinn. Wir waren ein sozialistischer Staat, und wir haben – wie es auch in anderen Ländern Praxis ist – die Kinder im Geiste dieses Staates erzogen und auf das Leben vorbereitet. Es erfolgte eine körperliche, geistige, hygienische, sittlich-moralische, musische und ästhetische Erziehung, die eingebettet war in die gesellschaftlichen Bedingungen. Ich kenne diese pseudowissenschaftliche Rabulistik, die mit Begriffen wie »Einwirkungspädagogik«, »Forderungspädagogik« und »politische Pädagogik« operiert. Das zielt auf die generelle Verunglimpfung der Leistungen der DDR im Bereich der Vorschulerziehung. Wir haben es geschafft, jedem Kind in unserem Land einen subventionierten Platz in einem Kindergarten zur Verfügung zu stellen. Jedes Kind wurde zwischen dem dritten und sechsten Lebensjahr von qualifizierten Pädadogen betreut. In ihrer Obhut wurden die Kinder auf die Schule und das Leben vorbereitet.

Das sollte man uns erst einmal nachmachen.

Vaterländische Erziehung

In den Archiven finden sich etliche programmatische Reden von Ihnen, die mindestens zwei Dinge offenbaren.
Jetzt bin ich aber gespannt.

Dass Sie stets die politische Grundierung, den gesellschaftlichen Kontext der pädagogischen Arbeit unterstrichen haben. Dieses Moment zieht sich als roter Faden durch alle Ihre Äußerungen. Es geht nie nur um Fachfragen, sondern stets auch um Ideologie.
Stimmt. Und das zweite?

Dass Sie bisweilen Dinge ansprachen, worüber etwa Ministerkollegen oder Politbüromitglieder nicht oder nicht so deutlich sprachen.
Welche zum Beispiel?

»Machen etwa allein volle Schaufenster, Autos, Reisen nach Mallorca das Leben der Menschen drüben aus, müssen wir nicht über das Wesentliche reden?«
»Wie steht es z. B. in der kapitalistischen Welt mit der Gleichberechtigung der Frau, ihrer wirklichen sozialen Gleichstellung in der Arbeit und im Beruf, die nicht mit der Quotenregelung zu erreichen ist?«
»Eine entscheidende Frage ist, wie es uns gelingt, die patriotische, ja, eine wirklich vaterländische Erziehung durch unsere Lehrer zu gewährleisten, in deren Zentrum die Ausprägung der Identität als sozialistische deutsche Staatsbürger, als Staatsbürger der DDR steht, was, wie

schon oft gesagt, sich nicht im Widerspruch befindet zur internationalistischen Erziehung.«
Das haben Sie alles im Herbst 1988 auf einem Seminar für Kreisschulräte in Ludwigsfelde gesagt.
Ja, und?

Ich kann mich nicht erinnern, dass irgendeiner die Konsumfrage im Westen jemals in dieser Weise in der DDR ins Gespräch gebracht hätte. Das gleiche gilt für die – schon damals diskutierte – Quotenregelung.
Unsere Leute sahen fern und hörten Westradio, sie waren doch bestens darüber informiert, was innenpolitisch in der Bundesrepublik passierte. Und vergessen Sie nicht die drei Millionen DDR-Bürger, die in jedem Jahr besuchsweise oder in dringenden Familienangelegenheiten nach drüben reisten. Die kannten doch die bundesdeutsche Wirklichkeit, zumindest deren freundliche Fassade. Das waren doch keine Geheimnisse, die ich ausplauderte.

Na eben. Aber mancher behandelte sie als solche. Und schließlich die patriotische, die vaterländische Erziehung. Das war ein Drahtseilakt. Nicht grundlos erwähnen Sie explizit, dass diese sich nicht im Widerspruch zur internationalistischen Erziehung befinde.
Ach so meinen Sie das. Ich dachte schon, Sie hätten die gleichen Probleme damit wie in der Bundesrepublik. Sie erinnern sich, dass Bundespräsident Heinemann auf die Frage, ob er sein Vaterland liebe, geantwortet hatte: Ich liebe meine Frau.

Für solche Reflexe habe ich nicht nur Sympathie, sondern auch Verständnis. Die Bundesrepublik ist ein bürgerlicher, kapitalistischer Staat, der in der Kontinuität und Tradition der vorangegangenen imperialistischen deutschen Staaten steht und sich dazu auch bekennt. Unlängst las ich, dass man in Ermangelung eines Gründungstages der Bundesrepublik auf den 18. Januar 1871 verwiesen habe. An jenem Tag wurde in Versailles das deutsche Kaiserreich proklamiert. Man könnte auch den 16. April 1871 nehmen, da trat die Verfassung des Deutschen Reiches in Kraft. Die Idee ist so abwegig nicht. Das Bundesverfassungsgericht hat am 31. Juli 1973 in einem Grundsatzurteil festgestellt: »Das Deutsche Reich existiert fort, besitzt nach wie vor Rechtsfähigkeit. […] Mit der Errichtung der Bundesrepublik Deutschland wurde nicht ein neuer westdeutscher Staat gegründet, sondern ein Teil Deutschlands neu organisiert. […] Die Bundesrepublik Deutschland ist also nicht Rechtsnachfolger des Deutschen Reiches, sondern als Staat identisch mit dem Staat Deutsches Reich.«

Also dass sich nicht jeder, nicht einmal ein Bundespräsident, mit diesem Staat identifizieren mag, ist nachvollziehbar.

In unserem Selbstverständnis damals war die DDR nicht schlechthin der andere deutsche Staat, sondern der Kern eines künftigen sozialistischen Deutschlands. Dieses Deutschland wäre nicht das der Konzerne und der Krematorien von Auschwitz gewesen, nicht dass der Militaristen und Revanchisten, der Alt- und Neonazis, sondern jene Republik, nach der die Ausgebeuteten und Unterdrückten seit Jahrhunderten strebten. Sie wäre ihr Vaterland gewesen.

Und weil es das große Vaterland nicht gab, sollte es zumindest ein Teil davon sein, die DDR. Aber war der Patriotismus nicht ein wenig überzogen?

Standen wir nicht täglich im Klassenkampf?

Sicher. Aber war das Pathos zeitgemäß?
Die Frage habe ich erwartet. Pathos ist zu einem abwertenden Schlagwort verkommen, meint aber im ursprünglichen Sinne eine emotionale, leidenschaftliche Betonung von Sachverhalten. Ich denke, dass wir möglicherweise in der DDR zu wenig pathetisch-erhaben über wahre Errungenschaften geurteilt haben – vielleicht hätten wie sie dann auch stärker zu schätzen und zu verteidigen gewusst.

»Was auch noch immer unserer Gesellschaft an Ungelöstem, an Unvollkommenem anhaften mag – unanfechtbar ist die Tatsache, dass unsere in den Sozialismus Hineingeborenen in Frieden aufgewachsen sind, dass unsere Kinder weder Armut noch Hunger kennen, dass wir es geschafft haben«, so sagte ich 1989 auf dem Pädagogenkongress, »gerade für Kinder Glück und Geborgenheit zu sichern, den Sozialismus zum Anfassen, für jeden erlebbar zu machen – mit allen, durch alle und für alle.«

Das ist pathetisch. Aber ist es darum falsch?

Sie haben sich damals selbst zum Pathos bekannt.
Wirklich?

Auch wenn Sie, wie damals in Reden üblich, nicht »Ich« sagten, sondern sich hinter dem kollektiven »Wir« versteckten. Ich darf Sie zitieren: »Es ist richtig – und wir scheuen nicht das Pathos – zu sagen: Mit der Großen Sozialistischen Oktoberrevolution hat das russische Proletariat ein neues Kapitel in der Menschheitsgeschichte aufgeschlagen. Mehr noch müssen wir dafür tun, damit jede Generation aufs Neue begreift, wie die Völker Russlands gelitten haben, dass ihnen nur der Ausweg blieb, sich durch die

IX. Pädagogischer Kongress, Juni 1989

Revolution von den Fesseln zu befreien, und dass weit weniger Blut geflossen wäre, es weit weniger Opfer gekostet hätte, wäre nicht die gesamte Weltbourgeoisie mit brutalster Gewalt angetreten, um diese erste siegreiche sozialistische Revolution aufzuhalten. Und sie hat es immer wieder versucht, nicht zuletzt mit dem vom deutschen Imperialismus entfesselten räuberischen Überfall auf die junge Sowjetmacht, der die Völker der Sowjetunion über 20 Millionen Menschenleben kostete.«

Und, gibt es daran etwas auszusetzen? Fehlt Ihnen da eine Klage gegen Stalin und den Stalinismus, die Gulags und die Verfolgung deutscher Kommunisten in der Sowjetunion?

Keineswegs. Ihr Zitat war sowohl pathetisch als auch auf das Wesentliche konzentriert. Deshalb verstehe ich auch Ihre nachfolgende Aufforderung, man müsse der Jugend den weltweiten revolutionären Prozess überzeugend bewusst machen, auf ihre Fragen offen und ehrlich antworten. Abgesehen davon, dass es »die Jugend« – da werden Sie mir eventuell zustimmen – nicht mehr gab: Das einzige, was die Jugendlichen noch gemeinsam teilten, war das Alter. Die Haltungen, Interessen, Neigungen und Präferenzen gingen in den 80er Jahren immer mehr auseinander, was auch die Untersuchungen des Zentralinstituts für Jugendforschung in Leipzig bestätigten.

Die Leipziger bestätigten allerdings auch eine enge Bindung an die DDR, ich kenne die Zahlen. Rund 90 Prozent der Schüler und Lehrlinge ließen 1969 eine enge emotionale Beziehung zur DDR erkennen. Die meisten, nämlich 60 Prozent, ohne jede Einschränkung.

Da kann ich nur sagen: gute Arbeit an den Schulen.

Die Jugendforscher sahen das auch so. Und sie konstatierten zwanzig Jahre später, bei der Wiederholung der Befragung zu ausgewählten politischen Grundeinstellungen, auffällige Verschiebungen. Identifizierten sich 1969 beispielsweise die Schüler der 10. Klassen noch »vollkommen« (50 Prozent) und »mit Einschränkungen« (32) mit der DDR, so waren es im Mai 1989 nur noch 18 Prozent, die sich vorbehaltlos identifizierten. Hingegen sagten 43 Prozent – faktisch jeder Zweite –, dass sie kaum oder überhaupt nicht mehr zur DDR stünden. In jener Zeit hielten wir unseren IX. Pädagogischen Kongress ab.

Wussten Sie von dieser Tendenz? Was waren Ihrer Auffassung nach die Gründe, und wie meinten Sie diese Entwicklung aufhalten oder gar umkehren zu können? Oder waren für Sie bereits die Messen gesungen?

Also gesungen war da für mich noch gar nichts. Wer sich selbst aufgibt, hat schon verloren. Mit dem Wissen von heute über die strategischen Operationen des US-Imperialismus und seiner Verbündeten – inklusive der Geheimdienste – kommt man zu keinem anderen Schluss als jenem, dass in der Tat das Totenglöckchen für die Sowjetunion und ihre Verbündeten bereits erklang. Gorbatschow hatte schon vor Jahren alle Weichen in den Untergang gestellt. Vielleicht in grenzenloser Naivität und blauäugig, oder mit Vorsatz, wie er im Oktober 1999 an der Amerikanischen Universität von Ankara erklärte. »Mein Lebensziel war die Zerschlagung des Kommunismus, der eine unerträgliche Diktatur über das Volk ist. In dieser Haltung hat mich meine Ehefrau unterstützt und bestärkt. Am meisten konnte ich dafür in den höchsten Funktionen tun. Deshalb empfahl mir meine Frau Raissa,

Mit Ehemann Erich Honecker und Michail Gorbatschow, dahinter dessen Frau Raissa, Oktober 1989

mich um höhere Funktionen zu bemühen. Als ich den Westen kennengelernt habe, war meine Meinung unumkehrbar. Ich musste die gesamte Führung der UdSSR entfernen. Ich musste auch die Führung in all den sozialistischen Staaten beseitigen.« Ob das nur eine nachträgliche Erklärung für sein Versagen war, wie manche meinen, oder ob Gorbatschow im Zusammenspiel mit dem Westen die Sowjetunion vorsätzlich zerstörte, ist angesichts des Resultats und der Folgen unerheblich.

Aber zurück zu Ihrer Frage, die ich keineswegs überspringen möchte.

Ja, die Entwicklung war mir durchaus bewusst. Ich sah, wie die westliche Propaganda ihre Wirkung nicht verfehlte, wie sie bei uns wühlten, unter der Losung »unabhängig« Friedens- und Umweltaktivisten in Stellung brachten, diese unterstützten und gleichsam als Fünfte Kolonne gegen uns arbeiten ließen. Dass man sie mehrheitlich als nützliche Idioten betrachtete, wurde diesen spätestens dann bewusst, als der Westen das Bein in unserer Tür hatte und sich die BRD anschickte, uns zu okkupieren. Man übernahm noch einige »Bürgerbewegte« als Narren bei Hofe, gab ihnen ein paar Pöstchen, die Mehrheit aber bekam einen Tritt. »Wir wollten Gerechtigkeit, bekamen aber den Rechtsstaat«, barmte Bärbel Bohley. Welche Gerechtigkeit wollte sie, fragte ich mich. Das waren doch alles nur Phrasen.

Zornig?

Ach, nicht mal das. Ich verstehe es einfach nicht. Da hat Erichs und meine Generation den Nazis, diesem Verbrecherstaat, die Stirn geboten. Viele Genossen haben mit ihrem Leben bezahlt, andere für ihren legitimen antifaschistischen Widerstand Jahre hinter Gitter und Stacheldraht zugebracht – Erich zehn Jahre, mein Vater drei –, viele mussten im Exil leben, getrennt von der Familie und der Heimat. Dann, endlich befreit, krochen wir aus den Trümmern und bauten mühsam, Stück um Stück, dieses Land wieder auf. Wir haben für diesen Krieg, den wir nicht gewollt und nicht geführt haben, gewaltige Reparationen gezahlt, während im Westen der Marshall-Plan für Aufschwung sorgte. Wir bluteten aus vor 1961, etwa drei Millionen Menschen, darunter Ärzte, Lehrer, Ingenieure, Facharbeiter, qualifizierte Leute, folgten den Versprechungen und Verlockungen des Westens. Man überzog uns mit Boykott und Embargo, mit einem Alleinvertretungsanspruch, der Kalte Krieg nötigte uns Ausgaben für die Landesverteidigung ab, die anderenorts fehlten. Wir haben gearbeitet bis zum Umfallen, und wir kamen voran. Langsam, aber es ging stetig vorwärts. Wir bauten Häuser, wir errichteten Schulen und Fabriken. Wir versuchten bei der Entwicklung in Wissenschaft und Technik mitzuhalten, obwohl wir mit der CoCom-Liste von der internationalen Arbeitsteilung ausgeschlossen wurden. Ob wir am Ende nun zu den führenden zehn Industriestaaten der Welt gehörten oder nur auf Platz 28 oder 53 standen, interessierte weniger. Wir hatten es vermocht, allen Menschen Ausbildung, Arbeit, Wohnung und Perspektive zu geben. Wir hatten Kindergärten, Schulen, eine ordentliche medizinische Versorgung, Kulturhäuser, Museen und Theater, das Lebensniveau erreichte eine Höhe, von der die meisten Staaten dieser Welt träumten und noch heute träumen. Das war das Resultat gewaltiger Anstrengungen von Generationen, von Millionen Menschen – der Männer im Stahlwerk wie der Postfrauen, die Tag für Tag, bei Wind und Regen mit dem Rad über Land fuhren für ein geringes Gehalt. Und da kommt dann jemand, der auf unsere Kosten Abitur machte, an der Kunsthochschule studierte und forderte »Gerechtigkeit«. Was verstand sie unter Gerechtigkeit? Sollten wir ihre Bilder besser beurteilen als sie es verdienten, sie gar zur Kulturministerin machen?

Für mich ist es ungerecht, wenn man die Leistungen von Millionen ignoriert und sich naserümpfend und anmaßend über sie erhebt.

Ich verstehe Ihre Verbitterung...
Ich bin weder zornig noch verbittert. Ich kann nur nicht nachvollziehen, mit welcher Oberflächlichkeit und Gedankenlosigkeit über das Lebenswerk von sehr vielen Menschen hergezogen wurde und wird, und dann noch mit der Monstranz der Moral. Es gibt keine Moral »an sich«, eine über den Klassen stehende allgemein-menschliche Moral. Moral ist immer klassengebunden wie das Gesetz. Hinter diesen stehen die Interessen von Klassen. In der sozialistischen Moral widerspiegelte sich die Moral der Arbeiterklasse und aller Werktätigen, die der Moral der Bourgeoisie unversöhnlich gegenüberstand. Da gab und gibt es keine Neutralität.

Waren Sie davon überzeugt, dass mit Patriotismus der Erosion der sozialistischen Gesellschaft beizukommen wäre?
Wenn ich gegenteiliger Auffassung gewesen wäre, hätte ich es damals nicht gesagt.

Würden Sie es heute wieder sagen?
Diese Frage stellt sich doch nicht. Es gibt kein sozialistisches Deutschland mehr, die DDR ist Geschichte. Ich bin auch nicht dafür – das wird Sie jetzt gewiss überraschen –, dass wir unablässig unsere Wunden lecken und

unser Schicksal beklagen. Die DDR bleibt trotzdem tot und kommt nicht wieder. Vielmehr sollten wir die Erfahrungen, die wir mit dem ersten deutschen Staat der Arbeiter und Bauern gesammelt haben, im dialektischen Sinne aufheben: sie als Folie und Maßstab bei der Auseinandersetzung mit der Gegenwart nutzen und für kommende Kämpfe aufbewahren. Erfahrungen, die wir gemacht haben, sind für eine neue sozialistische Gesellschaft unverzichtbar. Die guten wie die schlechten Erfahrungen.

Keine Reden über die DDR mehr?
Natürlich müssen wir über sie reden. Wer, wenn nicht wir, sollte sie verteidigen und die Lügen, die über sie verbreitet werden, widerlegen?

Die, die lebendige Erinnerungen an die DDR haben, werden immer weniger.
Na, nun tun Sie mal nicht so bescheiden. Wie viele Bücher haben Sie in ihrem Verlagshaus über die DDR herausgebracht? Bestimmt schon eine ganze Bibliothek. Allein in meinen Regalen stehen davon Dutzende. Und andere Verlage haben auch Bücher herausgebracht, es gibt seriöse Untersuchungen, wissenschaftliche Arbeiten, Filme und dergleichen, die nicht dem Mainstream folgen.
Und unterschätzen Sie nicht, was in den Familien weitergegeben wird. Haben Sie die Meldung zum Aufschrei des Forschungsverbundes SED-Staat an der Freien Universität gelesen, nachdem eine Untersuchung zutage förderte, dass in Ostdeutschland das Familiengedächtnis dem in der Schule vermittelten Geschichtsbewusstsein an Geltungskraft überlegen sei? »Eine in vielen ostdeutschen Schulen kaum überwindbare Barriere stellen Eltern und Großeltern von Schülern dar, die das von kritischen Leh-

rern vermittelte DDR-Bild zurückweisen und ihren Kindern ihre eigene nostalgische Sicht gleichsam aufzwingen«, schlug der SED-Forschungsverbund-Obere Klaus Schroeder Alarm.

Ich habe es gelesen und gegrinst. Warum schägt er nicht vor: Kinder ab ins Heim oder Eltern, Oma und Opa ins Lager? Da hat sich dann die »kaum überwindbare Barriere« erledigt.

*In der Hausbar von Pablo Nerudas Casa de Isla Negra,
Eintragung ins Ehrenbuch der Gedenkstätte, 2011*

Kultur: jeder zweite Herzschlag unseres Lebens

Der Arbeiterschriftsteller Hans Marchwitza hat diesen programmatischen, DDR-typischen Satz geprägt, und es amüsiert mich zu sehen, wer alles ihn inzwischen im Munde führt. Sogar SPD-Politiker, die aber vorsichtshalber auf die USPD-Wurzeln des Kommunisten verweisen, ehe sie ihn zitieren. Geschenkt. Marchwitza wollte damit nur zeigen, wie wichtig Kultur im Leben einer Gesellschaft, zumal einer sozialistischen, ist. Jeder zweite Herzschlag: Das meint die Hälfte. Welchen Stellenwert hatte die musische Erziehung an der Schule?

Einen großen. Wenn ich die Fächer Deutsche Sprache und Literatur sowie Kunsterziehung und Musik addiere, komme ich auf einen Anteil von knapp dreißig Prozent am Gesamtunterricht in der zehnklassigen POS. Also nicht jeder zweite, aber jeder dritte Herzschlag. Aber vergessen wir nicht die vielen künstlerischen Arbeitsgemeinschaften, die Literaturzirkel, die Mal- und Zeichenbewerbe, die Chöre und Singegruppen – das war ein weites Feld.

Ich glaube, Marchwitza meinte es nicht so wörtlich.

Das beruhigt mich. Aber ohne Flachs: Die musische Erziehung nahm in unserem Bildungsprogramm einen erheblichen Raum ein, weil Pädagogen wissen, wie wichtig musische Elemente für die Erziehung sind. Das beginnt bereits im Vorschulalter. Kinder in diesem Alter zeichnen, singen, tanzen, musizieren, kneten und basteln gern – kreative Tätigkeiten, bei denen sie unterschiedliche Materialien und Medien kennen lernen und sich mit diesen mitteilen können. Sie lernen kommunizieren, sich auszudrücken. Das geschieht in diesem Alter spielerisch.

Die Schule hat dann die Aufgabe, die Schüler mit bildender und darstellender Kunst, mit Musik, Literatur, Architektur usw. vertraut zu machen, mit der ganzen Breite der künstlerischen Ausdrucksformen in allen Epochen. Großes Gewicht legten wir auf einen anspruchsvollen Literaturunterricht. Auf der Literaturkonferenz 1979 sagte ich dazu: »Es ist nicht einfach, Literatur an die Jugend zu vermitteln, wie wir es uns zum Ziel gesetzt haben: parteilich, lebensverbunden, zum Nachdenken anregend, Herz und Verstand gleichermaßen berührend, gefühls- und charakterbildend.«

Die Kunsterziehung sensibilisierte für die Wahrnehmung der Welt. Was früher einer Elite vorbehalten war, das haben wir an unseren allgemeinbildenden Oberschulen allen Kindern zugänglich gemacht.

Hat das beispielsweise auf den Pädagogenkongressen eine Rolle gespielt? Ich meine, Klassenkampf klingt nicht gerade sehr musisch ...

Wir hatten immer den ganzheitlichen Menschen im Blick. Hochkultur für die höheren Stände galt vielleicht früher einmal, nun inzwischen wieder, weil Theaterkarten oder Museumsbesuche unerhört teuer sind ...

In den meisten europäischen Metropolen bekommt man Ausstellungstickets nicht unter zehn Euro. An den Kassen scheidet sich die Gesellschaft. Für die Massen bleibt nur Massenkultur: Serien, Quiz und Fußballspiele im Fernsehen. Aber ich hatte Sie unterbrochen, Entschuldigung.

Sozialismus heißt eben auch Kunst für alle, Volkskultur im weitesten Sinne.

Aufgabe aller Lehrer war es, das sprachlich-kommunikative Können zu entwickeln, der grammatisch-orthografisch richtige Sprachgebrauch befand sich in jedem Fach auf der Agenda. Um noch einmal auf den Literaturunterricht zurückzukommen: Dort wurden Werke unseres Erbes, unserer Gegenwartsliteratur, der National- und der Weltliteratur behandelt. Es waren Werke, die dazu anregten, sich mit Fragen nach dem Sinn des Lebens, des Menschseins, seines Ichs und seiner Verantwortung in der Gemeinschaft auseinanderzusetzen, auf andere Art zu erfassen, was die Größe und Kompliziertheit unserer geschichtlichen Kämpfe ausmachte. Es ging um Fortschrittsideale, um Mut und Opferbereitschaft, um menschliche Größe und moralische Stärke – um Haltungen, an denen sich die Schüler orientieren und mit denen sie sich identifizieren konnten.

Ich hielt überhaupt nichts davon, dass im Unterricht alle künstlerischen Irrungen und Wirrungen behandelt werden sollten, jene »Modernismen«, die den westlichen Kunstmarkt temporär beherrschen.

War das nicht ein wenig bieder, um nicht konservativ zu sagen? Oder gar ignorant?

Ich denke, dass es für die Jugenderziehung nicht hilfreich war, jeder Irrung und Wirrung hinterherzusteigen.

Ich baue mal eine Brücke: Picasso begann sehr gegenständlich zu malen, später zerlegte er die Figuren in Kuben. Die damit begonnene Abstraktion trieb er immer weiter, so dass am Ende Körper und Formen sich völlig auflösten. Man sehe sich dieses grandiose Werk »Guernica« an, mit

dem er die Zerstörung der baskischen Stadt durch die deutsche faschistische Legion Condor verarbeitete. Dort sieht kein Tier und kein Mensch so aus, wie man es gewohnt ist, und es mutet auf den ersten Blick an, als habe dort jemand gearbeitet, der keine Ahnung hat von Proportionen und Perspektive. Doch auf den zweiten Blick des Betrachters erschließt sich alles: das Grauen in den gebrochenen, verstümmelten Leibern, die Geschichten und Metaphern, die sich in den einzelnen Elementen mitteilen, es stimmen die Farben, die Raumaufteilung, die Proportionen. Einfach großartig. Aber, und deshalb habe ich soweit ausgeholt, um als Künstler bis zu diesem Punkt zu kommen, waren die Jahre davor, die vielen gegenständlichen Bilder notwendig, sie waren gleichsam Vorstufen auf dem Weg zu dieser hohen Abstraktion. So, und nun hat man eine Masse von »Kunstproduzenten«, und weil viele oft ihr Handwerk nicht beherrschen (auch weil sie es nicht erlernen konnten), malen sie »abstrakt«. Flächen und Linien, gespritzt, getupft, gegossen undsoweiter.
Das kann man auch auf Theater, auf Literatur, auf Musik, auf die Filmkunst, auf die Bildhauerei etc. beziehen. Solcherart Dilettantismus, Irrungen und Wirrungen blieben bei Ihnen draußen vor der Tür. Walter Womacka nannten sie im Westen einen Idylliker, er würde nur heile Welt malen. Aber seine Kunstwerke haben die Kritiker überlebt, sie erreichen unverändert die Menschen und berühren sie noch immer. Woran liegt das wohl?
Im Übrigen hat er sehr wohl auch die Schattenseiten, die Konflikte und Grausamkeiten dargestellt. Als 1973 die einheimischen Militärs im Bunde mit dem US-Kapital die demokratisch gewählte Regierung der Unidad Popular, wegputschte, hat Womacka einen Chile-Zyklus aufs Papier gebracht. Da geht jedes einzelne Blatt, jedes Motiv ans

Herz. Man kann den Chile-Zyklus durchaus neben Picassos »Guernica« stellen. Beide Künstler gehörten zu unserem Fundus – und keineswegs deshalb, weil beide Kommunisten waren. Sie hatten etwas zu sagen!

Wenn Sie das so sehen. Ich widerspreche nicht.

»Pablo Neruda« aus dem Zyklus »In Chile herrscht Ruhe« von Walter Womacka 1973/74. Unten: »Erschossene«. Auf der Seite zuvor: »Milch«. Die UP-Regierung hatte dafür gesorgt, dass jedes Kind täglich einen halben Liter bekam

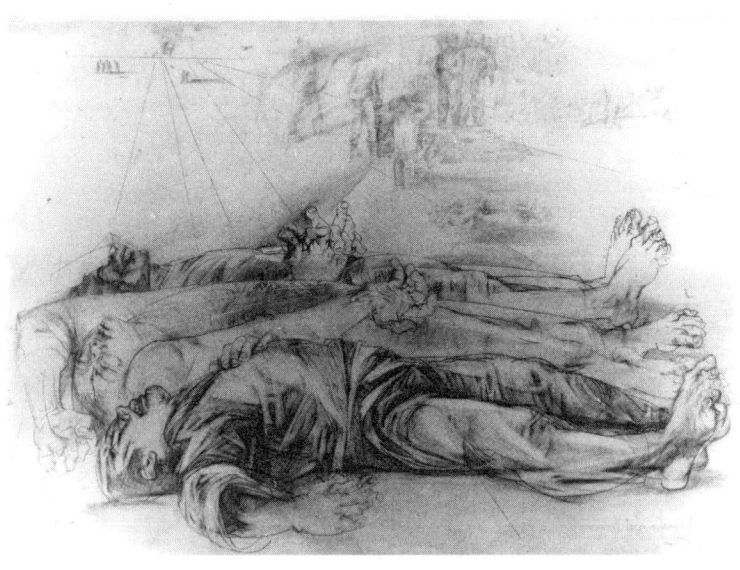

Walter Womacka (1925-2010) dazu in seiner Autobiografie »Farbe bekennen«: »Die Vorgänge in Chile hatten mich derart aufgewühlt, dass ich wie ein Berserker arbeitete. Ich musste meinem Zorn sichtbar Ausdruck verleihen. Ich verlor das Zeitgefühl und zeichnete ganze Nächte hindurch. Auch wenn ich nicht einen einzigen Chilenen persönlich kannte, fühlte ich mich zu ihnen hingezogen.«

»Mit Ohnmacht und Wut sahen wir, wie Bomben auf die Moneda fielen. Dort, im Regierungssitz, starb auch Allende im Kugelhagel. Zehntausende Chilenen wurden inhaftiert, gefoltert und bestialisch ermordet. Pinochet badete, wie er zynisch bemerkte, die Demokratie in Blut«, schrieb Walter Womacka in seiner Autobiografie.

Präsident Salvador Allende (1908-1973), letztes Blatt des insgesamt zwölf Bleistiftzeichnungen umfassenden Zyklus »In Chile herrscht Ruhe«

Es ging also um ästhetische Erziehung, um Charakterbildung, also um ethische Erziehung im weitesten Sinne, um Moral und Haltungen.

Ja.

Und um Kultur. – Ich entsinne mich einer Leserdiskussion in der »Jungen Welt« über Kultur, an der sich auch Jürgen Kuczynski mit einem kurzen Beitrag beteiligte, in welchem er den Blick etwas weiten wollte. Zur Kultur gehöre auch das Essen, schrieb er. Und damit meinte er unter anderem, wie Fleisch angeboten und im Konsum eingepackt werde, wie man es zubereite und auf den Tisch bringe, und wie man es schließlich verzehre. Genussvoll oder hastig heruntergeschlungen, kultiviert oder lediglich zum Zwecke der Sättigung. Darauf setzte es wütenden Protest einiger Leser, einer verstieg sich sogar – inzwischen deckt ihn auch der grüne Rasen –, er habe seinerzeit nicht den Faschisten widerstanden und im Zuchthaus gesessen, um nun darüber zu diskutieren, wie sich unsere Jugend die Bäuche vollschlagen soll. Kultur sei für ihn etwas anderes.

Verstehe. Ich denke, dass es ein generelles Problem war und noch immer ist, dass viele Menschen unter Kultur nur die sogenannte Hochkultur verstehen, also Oper, Theater, Ausstellungen, Filme etc. Ihnen ist nicht bewusst, dass unser ganzer Alltag Kultur ist. Das beginnt damit, dass man sich morgens die Zähne putzt und endet nicht mit dem freundlichen Tagesgruß für den Nachbarn. Dazu gehört, dass man Älteren in der Straßenbahn seinen Platz anbietet, wenn keiner frei ist, oder ihnen über die Straße hilft.

Knigge. War der Lehrstoff?
Nein. Wohl aber höfliche Umgangsformen.

Sport war nicht so mein Ding, ich erwähnte es bereits. Manche Menschen werden als Bewegungsmuffel geboren, ich bin einer von ihnen und berufe mich auf Churchills »No sports«. Der trank zudem täglich eine Pulle Wiskey, sagt man, und rauchte Zigarren. Trotzdem wurde er 90.

Es gab eine systematische Körpererziehung an unseren Schulen, der Unterricht war obligatorisch. Wir wollten gesunde, körperlich leistungsfähige Menschen heranbilden, die auch nach der Schule, im »Rest« ihres Lebens, eine gesunde Lebensweise bevorzugten. Lenin hatte mal scherzend gemeint, auch die Gesundheit sei Volkseigentum, deshalb müsse sie geschützt werden. Wer ungesund lebt, wird häufiger krank. Die Behandlung aber kostet Geld. Darum ist die beste Prophylaxe, so zu leben, dass man nicht wegen Fettleibigkeit oder mit einer Raucherlunge sich in die Hände von Medizinern begeben muss.

Rauchen Sie?
Sehen Sie hier einen Aschenbecher?

Haben Sie jemals geraucht?
Ja. Aber seit ich in Chile lebe, nicht mehr. Und außerdem bewege ich mich viel, drehe täglich meine Runden.

Das hat mir Fritz Streletz verraten, mit dem Sie gelegentlich zur selben Zeit auf Kuba Urlaub machen. Er sagte bewundernd, wenn er mit seiner Frau und den Keßlers zum Frühstück kam, kehrten Sie bereits von einer einstündigen Strandwanderung zurück.

Nun ja, ich habe nie Wasser gepredigt und heimlich Wein getrunken. Ich sagte zu diesem Thema auf dem IX. Pädagogischen Kongress 1989: »Mit der konsequenten Ausrichtung der neuen Lehrpläne auf die körperlichsportliche Grundausbildung, mit der Aufwertung der gymnastischen Ausbildung für die Mädchen, mit den Kraft- und Kampfsportübungen für die Jungen und mit einem vielfältigen Übungsangebot für die sportliche Betätigung in der Freizeit sind Bedingungen geschaffen, die es ermöglichen, den Unterricht so zu gestalten, dass Aktivität, Leistungs- und Anstrengungsbereitschaft der Schüler herausgefordert werden und dass Sporttreiben auch Freude macht.«

Mir nicht. Und zwar weil es dafür Noten gab. Ich lief mit meinen kurzen Beinen beim 1.000- oder 3.000-Meter-Lauf immer dem Feld hinterher, was frustrierend genug war. Und dazu kam auch noch die miserable Note. Wissen Sie, wie sich eine 4 auf einem Zeugnis ausmacht, wo es nur Einsen und Zweien gibt.
    Was war die Folge?

Ich habe mich in der Freizeit durch den Wald gequält, mich geschunden ohne Ende.
    Und das Ende vom Lied?

Eine Drei in Sport.
    Hat doch also geholfen.

Na, ich weiß nicht.
    Der Hinweis auf den Freizeitsport scheint mir wichtig. Ich sagte damals: »Unser Sportunterricht muss selbstverständlich körperliche Leistungsfähigkeit entwickeln, sportliches Können und sportgerechtes Verhalten abverlangen. Gleichzeitig müssen und wollen wir uns gemeinsam mit dem Deutschen Turn- und Sportbund (DTSB) bemühen, allen Kindern sportliche Betätigung in der Freizeit zu

ermöglichen, wirklichen Freizeitsport, ohne dass man organisiert sein muss, damit man eine Halle, einen Sportplatz betreten darf.« Das war bekanntlich ein echtes Problem bei uns. Wir hatten Sporthallen und -plätze, doch wenn man dort reinwollte, musste man gleich – ich übertreibe ein wenig – in einen Sportverein eintreten.

Meinen Sie, dass die große Begeisterung für den Sport in der DDR – Fernsehübertragungen von Olympischen Spielen, Weltmeister- und Europameisterschaften und anderen internationalen Wettkämpfen mit DDR-Beteiligung hatten Einschaltquoten von 99,98 Prozent – auch auf den Sportunterricht zurückzuführen ist?

Schon möglich. Der Satz »Was Hänschen nicht lernt, lernt Hans nimmermehr« kann wohl auch hier zur Anwendung gebracht werden.

Im Pazifikhafen Valparaiso, dem größten Hafen von Chile

Geschichtsunterricht

Im Sommer letzten Jahres besuchte ich Horst Rickert, er führte das Segelschulschiff »Wilhelm Pieck« und hat darüber ein lesenswertes Buch gemacht. Der Kapitän a. D. wohnt in Rostock unmittelbar neben der Mühlendammbrücke. Aktuell neben einer Baustelle: Brücke und Ausfallstraße werden erneuert. Im November fanden die Bauarbeiter erst den Turm, dann die Wanne eines T 34 sowie die sterblichen Überreste mehrerer Personen, vermutlich der Panzerbesatzung. In der Rostocker Stadtchronik hieß es, dass am 1. Mai 1945 in den Mittagsstunden Panzerspitzen der 65. Armee der Belorussischen Front über den Mühlendamm in die Stadt, in der bereits überall weiße Fahnen wehten, habe einrücken wollen. Ein deutscher Polizeioffizier habe jedoch eine Sprengladung unter der Brücke gezündet. Nach dem Krieg kümmerte sich offenkundig niemand um den Panzer und die Toten, sie wurden bei der Instandsetzung einfach mit vergraben.

Wann hat man den Panzer gefunden?

Im November 2011, also 66 Jahre nach dem Kriege.

Unglaublich.

Rickert war auch konsterniert. Erstens weil er jahrzehntelang neben einem Pulverfass gelebt hatte – im Panzer fand man nämlich diverse scharfe Munition –, zweitens weil über die Toten unablässig der Verkehr rollte. Der Mühlendamm ist eine der wichtigen Ausfallstraßen Rostocks.

Schrecklich. Aber deshalb erzählen Sie mir diese Geschichte doch nicht.

Nein, natürlich nicht. Nach dem spektakulären Fund, der auch im Ausland Resonanz fand – allein aus Russland reisten Drehteams von acht Fernsehstationen an, inzwischen hat man dort sogar die Namen der Toten ausfindig gemacht –, wurde die Frage aufgeworfen, was mit dem T 34 geschehen solle. Das Dresdner Armeemuseum bekundete ebenso Interesse wie vergleichbare Einrichtungen in Russland. Allerdings gibt es auch den Vorschlag aus der Stadt, diese geschichtsträchtige Zeugnis auf einen Sockel zu setzen. Jetzt die Krönung: In der Tessiner Straße zu Rostock stand schon mal ein T 34 auf einem Sockel. Der »Russenpanzer« wurde jedoch am 18. Juni 1991 abgeräumt. Man hatte ihn versteigert, er ging für 12.000 DM nach Bad Oeynhausen in Westfalen, wie damals die »Ostseezeitung« meldete.

Weshalb man den sowjetischen Panzer loswerden wollte, kann ich mir denken, aber warum nun diese Volte? Sind die Bilderstürmer zur Besinnung gekommen, haben sie ihr Verhältnis zur Vergangenheit überdacht? Oder will man nur eine Sensation ausstellen, sich mit dem spektakulären Fund schmücken? Also nur der Gegenstand als solcher ist von Belang, nicht die Botschaft, die er befördert. Andernfalls müsste man nämlich alle historischen Bezüge deutlich machen und erklären, warum er dort steht: Die Ausgeburt des deutschen Imperialismus hat ganz Europa unter seinen Stiefel gezwungen, eine Antihitlerkoalition beendete Krieg und Faschismus und befreite die Völker von der Tyrannei. Die Sowjetunion trug dabei die Hauptlast. Und als ihre Truppen Rostock erreichten, hat ein faschistischer Polizeioffizier – kennt man seinen Namen, was wurde aus ihm? – die Mühlendammbrücke mit dem ersten Panzer der Roten Armee in die Luft gejagt.

Und zugleich müsste berichtet werden, dass der Feuerwehrmann Karl Lübbe die Sprengung der Petribrücke in letzter Minute verhindert hatte, über die dann die Rote Armee ohne nennenswerten Widerstand in die Stadt einrollte und diese befreite. Den Namen des Feuerwehrmanns kennt man, den des Polizeioffiziers nicht.

Vielleicht hat er sich in den Westen abgesetzt?

Schon möglich. – Für mich ist diese Begebenheit exemplarisch. Sie zeigt, in welchem Maße Vergangenheit oder besser: deren Interpretation abhängig ist vom Charakter der Gesellschaft. Sie folgt der Sicht der herrschenden Klasse.

Selbstverständlich. Die DDR hat den T 34 auf den Sockel gestellt, um daran zu erinnern, wer uns vom Faschismus befreit hat. Die neue Macht – die ja die alte ist – hat ihn abgeräumt, um nicht daran erinnert zu werden, warum dieser sowjetische Panzer dort stand: weil Deutschland die UdSSR überfallen hatte und bei der Okkupation scheiterte. Es war das Denkmal der eigenen Niederlage. An diese wollte und will man nicht erinnert werden.

Der Geschichtsunterricht nahm an den Schulen der DDR breiten Raum ein. An den zehnklassigen Polytechnischen Oberschulen mehr als ein Zehntel des Unterrichts.

Das lief unter gesellschaftlichen Unterricht, wozu auch die Staatsbürgerkunde gehörte. Den Geschichtsunterricht betrachteten wir als wichtige Säule bei der Erziehung. Wenn man nicht weiß, woher man kommt, weiß man auch nicht, wohin man gehen soll. Das hat mit Orientierung zu tun, auch mit Respekt gegenüber unseren Vorfahren, vor allem aber etwas mit Verantwortung, die man in Bezug auf die untergegangenen Geschlechter hat: ihren

Leistungen, ihren Siegen und Niederlagen in den Klassenkämpfen.

Ende der 80er Jahre führten wir neue Geschichtslehrpläne ein. Sie fußten auf jahrelangen Diskussionen, die wir auch mit unseren Historikern geführt haben. Die Geschichtswissenschaft in der DDR hat in den 70er, 80er Jahren beachtliche Fortschritte erzielt, sie war international geachtet. Darüber schreibt übrigens Prof. Kurt Pätzold in seinen bemerkenswerten Erinnerungen (»Die Geschichte kennt kein Pardon« und »Streitfall Geschichte«), die ich unlängst mit Genuss und Gewinn gelesen habe.

Der Fortschritt der Forschung sollte sich nach meiner Überzeugung auch im Geschichtsunterricht niederschlagen. Es wurde ein Lehrgang erarbeitet, der ein wissenschaftliches Geschichtsbild vermittelte, das frei war von Subjektivismus und Spekulationen, von unwissenschaftlicher Betrachtung, von Geschichtspessimismus, ein Geschichtsbild also, das der Bewegung und Entwicklung der menschlichen Gesellschaft, ihrer objektiven Bedingtheit entsprach.

Ich zitiere die entsprechende Passage aus meiner Rede auf dem letzten Pädagogenkongress.

»Geschichte so zu lehren, wie sie tatsächlich verlaufen ist, das erfordert, das reiche Material der Geschichte zu erschließen. Junge Menschen so an die Geschichte heranzuführen, dass sie die in ihr wirkenden und wurzelnden Gesetzmäßigkeiten und Triebkräfte erkennen, dass sie verstehen lernen, worauf die menschliche Gesellschaft beruht, das ist Aufgabe und Anforderung dieses Faches. Stets war es das unverwechselbare Markenzeichen unseres Geschichtsunterrichts, für das Verständnis des Gestern, Heute und Morgen die so wichtige fundamentale Einsicht zu vermitteln, welche Rolle den Produktivkräften und

Produktionsverhältnissen zukommt, dass es die Volksmassen sind, die die Geschichte vorantreiben, dass geschichtliche Entwicklung und gesellschaftlicher Fortschritt sich im Klassenkampf und in sozialen Revolutionen vollzog und vollzieht.

Unser neuer Geschichtsplan orientiert darauf, die Schüler gründlich mit der Geschichte unseres Volkes vertraut zu machen, und dies natürlich stets mit der Sicht auf den weltgeschichtlichen Zusammenhang. Der Unterricht soll die Schüler mit den Traditionen, durch die unsere Geschichte geprägt ist und denen wir uns als Bürger des sozialistischen deutschen Staates verpflichtet fühlen, vertraut machen und ihnen vor allem den tiefen historischen Umbruch vor Augen führen, der durch die Entstehung der Deutschen Demokratischen Republik, den Sieg der sozialistischen Revolution und die erfolgreiche Gestaltung der sozialistischen Gesellschaft auf deutschem Boden markiert ist.

Das schließt ein, jeder jungen Generation den opferreichen Kampf der deutschen Arbeiterklasse, der Antifaschisten und das Leid, den Rassenwahn und Völkerhass dem eigenen Volk und anderen Völkern brachten, nahezubringen. Dies unauslöschlich in ihre Herzen zu pflanzen schließt ein, jene Kräfte zu entlarven, die den Faschismus erneut beleben, die den Kampf der Völker gegen die faschistische Barbarei umzudeuten versuchen, die die Stirn haben, das Edelste, den Kommunismus, und das Abscheulichste in der Geschichte der Menschheit, den Faschismus, mit Gleichheitszeichen zu versehen.«

Wissen Sie, woher meine Affinität zur Geschichte rührt? Neben den Betten meiner Eltern befand sich eine Stahltür, die entsetzlich quietschte, wenn man sie öffnete. Dahinter waren drei Stufen. Es roch muffig nach alten Handschriften und Büchern und Meerschaumpfeifen der Amtsvorgänger meines Vaters, nach Antependien …

Was ist das?

Das sind die gewebten Behänge für den Altar und die Kanzel in evangelischen Kirchen in bestimmten liturgischen Farben. – Dort, in dem verdunkelten, ungelüfteten Archiv der Pfarrei, deren in Leder gebundene Kirchenbücher Jahrhunderte zurückreichten, habe ich als Halbwüchsiger Stunden damit verbracht, in alten Tauf- und Sterbebüchern zu blättern. Ich habe nicht nur krakelige Schriften auf Hadernpapier entziffern gelernt, sondern auch die Vorfahren meiner Klassenkameraden entdeckt. Und dann waren da noch die rostigen Kanonenkugeln, die zuweilen auf dem Schreibtisch meines Vaters lagen. Die LPG bekam neue Traktoren, sie schleppten größere Pflüge, die gingen tiefer in die Felder, die anno 1760 auch Schlachtfeld waren. Sie holten dort Vierpfünder und Sechspfünder aus dem Boden, an denen klebte nicht nur Erde, sondern Geschichte. Die Bauern trugen den Kriegsschrott zum Dorfpfarrer und dieser später ins Heimatmuseum der Kreisstadt.

Sie wollen damit sagen, dass nicht Lehrer das Interesse an der Geschichte bei Ihnen geweckt haben, sondern das Elternhaus. Was im Übrigen bestätigt, wie wichtig die Familie bei der Erziehung ist.

So ist es. Ich kann mich, so sehr ich auch grüble, an meine ersten Geschichtslehrer nicht mehr erinnern.

Nun hatte aber nicht jeder Schüler das Privileg, ein Pfarrarchiv im Hause oder Kanonenkugeln aus dem Siebenjährigen Krieg im Arbeitszimmer des Vaters zu haben.

Ich will das ja auch nicht verallgemeinern, nur deutlich machen, dass der Impuls nicht von der Schule ausging. Wiewohl – da komme ich Ihnen wieder entgegen – Schlüsselerlebnisse durchaus von der Schule gesetzt worden. Am Ufer der Elbe beispielsweise erhob sich das Denkmal, auf dem auf Russisch und Englisch dran erinnert wurde, dass sich hier am 21. April 1945 erstmals US-Soldaten und Rotarmisten getroffen hatten. Da spannte sich noch die alte Bogenbrücke über den Fluss, die kurz vor jener denkwürdigen Begegnung der Alliierten von Durchhaltekriegern in die Luft gejagt worden war.

Wie die am 1. Mai 1945 in Rostock.

Wie die am 1. Mai in Rostock. Bevor die Torgauer Brücke in den Fluss stürzte, waren Minuten zuvor meine spätere Mutter und deren Eltern – aus Ostpreußen kommend – darüber gezogen. Das aber nur nebenbei. Und weiter, ebenfalls nur nebenbei: Im Juni 1994 ließ die sächsische Landesregierung in einer Nacht- und Nebelaktion die historische Brücke sprengen, um an einer anderen Stelle eine neue zu errichten. Den demokratischen Protest einer Bürgerinitiative hatte die CDU-Regierung durch Schaffung von Tatsachen einfach umgangen.
Historische Orte wie diese und andere – Torgau war wahrlich damit reich gesegnet – wurden natürlich in den Geschichtsunterricht einbezogen, sie vermittelten ein Gefühl für die Vergangenheit, für Konflikte, für Klassenkämpfe. Nicht zu vergessen die Besuche in ehemaligen Konzentrationslagern, die ja zum Standard des Unterrichts gehörten. Buchenwald, Sachsenhausen, Ravensbrück ... Das alles hinterließ Spuren, formte ein Geschichtsbild. Alles in allem war das eine solide Ausstattung, mit der man sich ganz gut im Leben zurechtfand. Nein, kein

Harm in meiner Seele: Wir hatten schon ordentliche Geschichtslehrer, die sehr genau wussten, was sie uns zeigen und vermitteln sollten.
Sie benutzten zweimal in Ihrer 89er Rede den Begriff Geschichtspessimismus. Warum? Diesmal darf ich zitieren: »Die Geschichtslehrer unseres Landes haben stets in hoher Verantwortung vor der Geschichte und in Achtung vor der historischen Wahrheit Geschichte gelehrt, in Verantwortung vor der Jugend, der wir nicht Geschichtspessimismus, sondern historischen Optimismus vermitteln wollen und können, indem wir ihr bewusstmachen, woher wir gekommen sind und wohin wir gehen.«

Wenn mich etwas nervt, dann ist es die Geschichtslosigkeit der kapitalistischen Gesellschaft. Jahrestage sind allenfalls Marketing-Ideen, Historie ist der Fundus, aus dem man sich bedient. Hopp und ex. Unser Problem im Umgang mit der Vergangenheit war nicht so sehr, worauf man sich konzentrierte, was man vernachlässigen oder gar ignorieren konnte, sondern welche Schlüsse und Lehren daraus zu ziehen waren. Als in der Sowjetunion unter dem Banner von Glasnost und Perestroika begonnen wurde, vieles in der sowjetischen Geschichte zu verunglimpfen und in den Dreck zu ziehen ...

Sie meinen den Umgang mit Stalin?

Unsinn. Die Reduzierung der 75 Jahre Sowjetunion auf dreißig Jahre Stalin ist ahistorisch und albern. Die Sowjetvölker haben Heroisches vollbracht. Zum Zeitpunkt der Oktoberrevolution war Russland ein rückständiges, feudales Land, unter Stalin vollzogen sich revolutionäre Veränderungen. In wenigen Jahrzehnten hat sich die Sowjetunion zu einer Industrie-, zu einer Weltmacht emporgearbeitet. Das war später in China nicht anders.

Die Volksrepublik wurde im selben Jahr wie die DDR gegründet. Schauen Sie sich an, wo das Land heute, nach reichlich sechzig Jahren, steht.

Der Preis war hoch, den die Sowjetvölker für den Fortschritt zahlen mussten.
Ja. Ohne die imperialistischen Interventionskriege in den ersten Jahren und ohne die deutsche Okkupation 1941 wäre er wahrlich niedriger ausgefallen. Da haben Sie völlig recht.

Sie verstanden den unwürdigen Umgang mit den Leistungen mehrerer Generationen als Geschichtspessimismus?
Natürlich, das bedeutete mehr als nur den Verlust von wichtigen Traditionen. Möglicherweise waren sich diejenigen, die nun »enthüllten« und entwerteten, sich nicht einmal bewusst, dass sie damit die Axt an die Wurzeln legten, dass sie sich die bürgerliche Sicht etwa eines Oskar Spengler zu eigen machten, der mit dem Untergang des Abendlandes das Ende jeglicher Kultur und jedes Systems prophezeite. Das lag meilenweit entfernt von Marx und dem Historischen Materialismus, für diesen hingen die Bewegungsgesetze der Geschichte von der Entwicklung der Produktivkräfte und von den Produktionsverhältnissen ab. »Die Geschichte aller bisherigen Gesellschaft ist die Geschichte von Klassenkämpfen«, heißt es im Kommunistischen Manifest von 1848. »Wenn das Proletariat im Kampfe gegen die Bourgeoisie sich notwendig zur Klasse vereint, durch eine Revolution sich zur herrschenden Klasse macht und als Klasse gewaltsam die alten Produktionsverhältnisse aufhebt, so hebt es mit diesen Produktionsverhältnissen die Existenzbedingungen des Klassengegensatzes, der Klassen überhaupt, und

damit seine eigene Herrschaft als Klasse auf. An die Stelle der alten bürgerlichen Gesellschaft mit ihren Klassen und Klassengegensätzen tritt eine Assoziation, worin die freie Entwicklung eines jeden die Bedingung für die freie Entwicklung aller ist.« Damit ist eine optimistische Perspektive vorgegeben. Und dieser strebten wir zu. Mit der antifaschistisch-demokratischen Umwälzung nach dem Krieg und dem Aufbau der sozialistischen Gesellschaft in der DDR unternahmen wir die ersten Schritte in diese Richtung.

Das wollten wir auch in der Schule vermitteln: mit Hilfe der Geschichte und nicht nihilistisch gegen diese. Wenn man indirekt sagt: Ach, hat doch alles keinen Sinn. Was unsere Vorfahren gemacht haben, war großer Mist, das war eine Abfolge von Fehlern, Irrtümern und Verbrechen. Warum soll ich mich da noch engagieren? – da kommt nichts bei raus.

Nehmen Sie dagegen die 11. Feuerbach-These von Marx »Die Philosophen haben die Welt nur verschieden interpretiert, es kömmt drauf an, sie zu verändern« – steht der Satz übrigens noch im Foyer der Humboldt-Universität?

Ja, er steht.

Also das ist doch grandioser Appell, ein ermunternder wie ermutigender Aufruf, der Lust auf Leben macht. Dafür haben wir geworben, nicht für diesen lähmenden, selbstzerstörerischen Quark.

Am Haus des Lehrers in Berlin befindet sich die »Bauchbinde« von Walter Womacka, den Sie ja auch gut kannten. Sie haben, wie ich seiner Autobiografie »Farbe bekennen« entnahm, ihn gelegentlich in seinem Sommerquartier auf

Zu Besuch bei Walter Womacka in Loddin auf Usedom

der Insel Usedom besucht. Dieses Mosaik aus den 60er Jahren am Alex wird heute auffällig von jungen Menschen bewundert und bestaunt. Natürlich, es zeigt eine ungebrochene Fortschrittsgläubigkeit, etwa bei der Darstellung des »friedlichen Atoms«. Das würde er heute auch nicht mehr so darstellen. Aber wenn man diese jungen Leute fragt, was sie an diesem Wandbild so fasziniert, dann sagen sie: der Optimismus. Dabei blicken die meisten der dort abgebildeten Personen ernst und angestrengt. Aber diese gesellschaftliche Zusammenschau berührt, sie zeigt ein Miteinander, eine Kraft und eine Zukunftsgewissheit, die eben die jungen Leute heute, in dieser kapitalistischen Gesellschaft, vermissen. In der letzten Shell-Jugendstudie, der von 2010, blicken keine sechzig Prozent optimistisch in die Zukunft, bei denen aus »sozial benachteiligten Familien« sind es gerade mal 33 Prozent. Und da jubelten die

Kommentatoren noch, weil die Werte nicht ganz so schlecht waren wie 2006. Es geht aufwärts, lautete die Botschaft.

Walter habe ich sehr gemocht, er war ein großer Künstler und hat in Berlin im öffentlichen Raum mehr Zeichen hinterlassen als die vom Bildungsbürgertum gefeierten Schadow oder Rauch. Nichts gegen diese Bildhauer, bewahre, Schadows Quadriga auf dem Brandenburger Tor oder sein Doppelstandbild der Prinzessinnen Friederike und Luise von Mecklenburg-Strelitz: Respekt, das Reiterstandbild Unter den Linden von seinem Schüler Christian Daniel Rauch: nichts dagegen zu sagen. Ich fand immer Schadows Spruch köstlich: »Mein Ruhm ist in Rauch aufgegangen.« Dennoch: Womacka hat einem neuen, einem sozialistischen Lebensgefühl Ausdruck verliehen, das sich noch immer mitteilt. Mehr kann man von Kunst nicht verlangen.

Dafür hat man ihm in Eisenhüttenstadt, dessen künstlerische Ausgestaltung er seinerzeit leitete, die ursprünglich erwogene Verleihung der Ehrenbürgerwürde 2004 verweigert. Ein einfältiger Lokalredakteur hatte sich in seiner Postille darüber mokiert, dass Womacka sich in seiner Autobiografie nicht ausreichend von der Mauer und der »Stasi« distanziert habe. Ein Witz: Die kamen in seinem Buch gar nicht vor. Daraufhin kriegten die meisten Stadtverordneten – da funktionieren die Pawlowschen Reflexe – sofort kalte Füße, und der SPD-Bürgermeister erklärte umgehend, dass Womackas Sicht nicht mit der Eintragung ins Goldene Buch vereinbar sei.

Auch eine Geschichtssicht.

*Im Übrigen, das fällt mir erst jetzt ein, habe ich an dieser
Geschichtsoffensive der Volksbildung mitgewirkt. Ich bekam
1987 oder 1988 den Auftrag aus dem FDJ-Zentralrat, ein
Buch »Fragen an die Geschichte der DDR« zu konzipieren
und mir Historiker zu suchen, die diese Fragen verständlich und unorthodox für Jugendliche beantworten könnten.
Das Taschenbuch erlebte bis 1989 drei Auflagen im sechs-
stelligen Bereich. Im Internet, im Verzeichnis Antiquarischer
Bücher (ZVAB), wird es noch immer präsentiert, das
Höchstgebot liegt bei 12 Euro. Erstens kann es nicht so
falsch gewesen sein, was wir da zu Papier gebracht haben,
und zweitens schmeichelt natürlich der Preis. Dafür hätte
man damals fast eine ganze Palette bekommen.*

Wer hat daran mitgearbeitet?

*Zwei Historiker von der Akademie für Gesellschaftswissen-
schaften beim ZK der SED. Der eine schlägt sich bis heute
ganz wacker, er hat in den frühen 90er Jahren mit einem
Westprofessor ein Institut aufgebaut, das er noch immer
leitet. Natürlich hangelt er sich von Forschungsauftrag zu
Forschungsauftrag, da gehört er zum wissenschaftlichen
Prekariat. Der andere sitzt in einer Berliner Bezirksver-
ordnetenversammlung und macht beispielsweise Führun-
gen zum Gedenkstein für die Opfer des Stalinismus in
Berlin-Friedrichsfelde, für den er sich sehr engagiert hat.
Die »taz« berichtete im August 2011 über die Vorstellung
des Buches von Heinz Keßler und Fritz Streletz »Ohne die
Mauer hätte es Krieg gegeben«, sie tat es gewohnt gehässig
und zynisch (»Das letzte Aufgebot des Realsozialismus
kommt mit Rollator«). Hinterher traf sich der Journalist
mit eben jenem Historiker. Beim Italiener. Er habe »eine
typische Biografie: in der DDR aus Arbeitermilieu zum
Akademiker aufgestiegen, nach 1990 als DDR-Elite abge-*

wickelt«. Als wenn's ein Makel wäre und keine Errungenschaft. 1988 habe er am Buch »Fragen an die Geschichte der DDR« mitgeschrieben. »Zum Mauerbau heißt es darin, dass 1961 Schluss mit ›dem subversiven Treiben des Imperialismus‹ war. Der Text erwähnt auch, dass es ›Unverständnis‹ gab, weil man ›Verwandte und Freunde nicht mehr besuchen konnte‹. Doch im Ganzen ist es ein Propagandatext, vielleicht nicht ganz so gehässig wie üblich. Schreiben musste man so etwas 1988 nicht mehr«, befand der Schreiber. Dem vorgeführten Autor »ist der Text peinlich«.

Tja, was soll man dazu sagen.

Sie versemmeln gerade meine Pointe.
 Und die wäre?

Er arbeitet in der Historischen Kommission der Linkspartei. Das sei »eine Möglichkeit, auch individuelle Verantwortung für die DDR ›abzutragen‹«.

Das Gremium einer politischen Partei als Selbsthilfegruppe, na Hilfe. Ich habe da ein anderes Politikverständnis.

Auf dem Anwesen von Pablo Neruda auf der Isla Negra

Strippenzieher und Heuchler

Schule ist nie ein konfliktfreier Raum. Heranwachsende sehen die Welt anders, haben altersspezifische Probleme, zudem dringen gesellschaftliche Vorgänge hinein: Die Schule ist kein abgeschiedener Ort. Man lernt und lehrt nicht auf einer Insel. Das ist eine Binsenweisheit.

Die aber offenkundig nicht Gemeingut ist. Eine andere Erklärung habe ich nicht für den Vorwurf, dass unsere Schule sozialistisch gewesen sei, dass wir Sozialisten haben erziehen wollen. Wir waren ein sozialistischer Staat. Wie anders hätte der Bildungs- und Erziehungsauftrag lauten sollen?

Wir wollten die Heranwachsenden zu aktiven Mitgestaltern dieser Gesellschaft erziehen, was ein entsprechendes Bildungswesen erforderlich machte. Es musste die Jugend darauf vorbereiten, in und für eine Gesellschaft zu arbeiten und nötigenfalls auch zu kämpfen, in der der Mensch frei, selbstbewusst, gut, hilfsbereit und ehrlich sein kann. Wir wollten Persönlichkeiten erziehen, die nicht nur anständig durchs Leben gehen, sondern auch wissen, was die wahren Werte des Daseins sind – und was dafür getan werden muss. Mehr nicht. Aber auch nicht weniger.

»Es galt einen Weg zu beschreiten, der auf immer den Ungeist des Imperialismus und Militarismus verbannt, der eine Erziehung garantiert, die alles Menschliche zum Klingen bringt«, formulierten Sie dazu ein wenig lyrisch auf dem 89er Pädagogenkongress.

Ach, jetzt kommt die Sache mit der Ossietzky-Schule.

Sie ahnen richtig.
Wir sind uns aber zunächst einig, dass die DDR nicht militaristisch war?

Darin stimmen wir überein. Kein rotes Preußen, keine Kadettenschule. Unsere einzige, nach sowjetischem Vorbild errichtete Einrichtung dieser Art existierte von 1956 bis 1960 in Naumburg an der Saale. Die letzten Kadetten machten im Juni 1961 ihr Abitur. Auf Beschluss des Politbüros wurde die Kadettenschule geschlossen, wir wollten nicht, dass Jungs ab 12 Jahren militärischen Zwängen unterworfen wurden und dadurch praktisch ihrer Kindheit und Jugend verlustig gingen.

Ehrlicherweise muss man jedoch hinzufügen, dass Kadettenanstalten keine Erfindungen der Russen waren, obwohl diese eine besondere Affinität zu Uniformen und Orden aufweisen. Im heutigen Russland gibt es mehr als ein Viertelhundert Kadettenanstalten. Ich glaube aber, dass die Franzosen die ersten waren, das ging schon im 17. Jahrhundert bei ihnen los. Preußen, Sachsen, Bayern folgten.

Vielleicht sage ich noch etwas über den Vorgang, der heutzutage allenfalls als Chiffre herumgeistert, aber in der Schmähung der DDR noch immer eine wichtige Rolle spielt.
Die seit 1909 in Pankow bestehende Schule, welche zu DDR-Zeiten nach dem Friedensnobelpreisträger und Pazifisten Carl von Ossietzky benannt wurde, war eine EOS. Dort machten Kinder aus dem Stadtbezirk ihr Abitur. Der Geist war offen, es gab eine »Speaker's Corner«, eine Wandzeitung, an der die Schüler sich artikulieren konnten und sollten.

Allerdings gab es bald Wortmeldungen, die auf seltsame Weise mit Themen korrespondierten, die im Westfernsehn gesetzt wurden, so etwa zur polnischen Solidarnosc: »So sehen wir das. Anmerkungen zur derzeitigen Situation in der VR Polen.« Der Beitrag verschwand, tauchte aber anderentags wieder auf – mit einem kritischen Kommentar. Das war am 11./12. September 1988. Zwei Tage später wurde ein Protest gegen die zum Jahrestag der DDR geplante Militärparade ans Brett genagelt, dem eine Liste beigefügt war, in welcher sich Schüler eintragen sollten, die diese Ablehnung teilten. »In wenigen Wochen ist es soweit: Im Zentrum Berlins werden riesige Geschosse aufgefahren, todbringende Waffen zur Schau gestellt. Die Panzer rollen in einer Zeit über die Straßen Berlins, da gerade vertrauensbildende Maßnahmen eine gemeinsame Sicherheit in Europa schaffen sollen. In einer solchen Zeit ist das öffentliche Vorführen militärischer Stärke, das laute Bekunden von Abschreckung ungesund für die politische Schönwetter-Phase, die vielleicht historisch werden kann. Es passt auch nicht in die Friedens-Politik der DDR. Dem internationalen Ansehen der DDR sowie dem gesamten Friedens-Prozess würde ein Verzicht auf die Militär-Parade am 7.10. guttun.«
Nun kann man vielleicht meinen: ganz schön blauäugig und naiv, wenn nicht justament drei Tage zuvor, bei der alljährlichen OdF-Kundgebung auf dem Bebelplatz, fünf Halbwüchsige Transparente hochgehalten und gefordert hätten: »Neonazis raus« und »Wir wollen keine Neonazis«. In diesem Wunsch waren sich gewiss alle Kundgebungsteilnehmer einig, doch eine solche demonstrative Willensbekundung konnte in einem antifaschistischen Staat nicht anders als eine Dummheit oder als eine Provokation verstanden werden.

Der Protest gegen die Militärparade wurde mit der Abschrift eines Gedichts aus der Wochenzeitung »Volksarmee« vom Mai 1986 garniert, in welchem sich ein Oberfeldwebel dilettierend über seine Maschinenpistole und seine Zuneigung zu ihr ausließ. »Ein Gedicht, das uns tief bewegt und uns zum Nachdenken angeregt hat«, hieß es dazu. Gezeichnet Philipp Lengsfeld und Benjamin Lindner. Die beiden waren auch schon auf dem Bebelplatz dabei. Lengsfelds Mutter lebte in Großbritannien, sie war im Februar 1988 in den Westen abgeschoben worden.
Ich will die Geschichte abkürzen. Nach heftigen Diskussionen an der Schule und in der FDJ wurden vier Schüler relegiert, zwei an eine andere Schule versetzt und zwei weitere erhielten einen schriftlichen Verweis.

Haben diese vier Schüler Abitur gemacht?

Haben sie.

Ich will damit nicht gesagt haben: Dann ist ja alles in Ordnung, wozu also die nachträgliche Erregung? Gleichwohl möchte ich hier auf bestimmte Dinge hinweisen, die bei dieser politischen Instrumentalisierung des Vorfalls immer ausgeblendet werden.

Dass die Provokation zur Pubertät gehört, weiß jeder. Und wer einem Lehrer blöd kam, wurde in der DDR nicht gleich von der Schule geschmissen. Hier jedoch handelte es sich um eine gezielte politische Provokation, was mir auch namhafte Kirchenvertreter bestätigten, als sie sich davon distanzierten – ich besitze übrigens noch einen dieser Briefe, in welchem Verständnis für unsere Entscheidung bekundet wird. Der Ablauf eines solchen Krawalls wurde nicht zum ersten Mal praktiziert, es ist das weltweit übliche, meist von Geheimdiensten gesteuerte Szenarium: Es wird auf unterschiedliche Weise die

Staatsmacht herausgefordert, provoziert, ausgetestet, wie weit man gehen kann. Irgendwann lässt sich diese Staatsmacht nicht mehr auf der Nase herumtanzen und reagiert. Dann setzt das Geschrei ein, was von den Medien im Ausland verstärkt wird, es wird Sympathie und Solidarität mit den »Verfolgten« demonstriert. Dann kriegt die Entwicklung ihre eigene Dynamik. Und je nachdem, wie gut oder wie schlecht das Krisenmanagement ist, geht die Sache aus.

Bevor ich die Frage nach dem damaligen Krisenmanagement stelle, will ich nur noch ein Wort zu der von Ihnen erwähnten Inszenierung sagen.
Der Fernsehsender ORF 2 berichtete am 11. Mai 2011 über die Hintermänner der »Umsturzaktivisten«, die nicht nur in Libyen, sondern auch in anderen Staaten die Strippen zogen und im Hintergrund für »das Erwachen der Demokratie« sorgten. »Was wie spontan wirkte, wurde schon lange im Voraus geplant«, hieß es in dem 22-Minuten-Film. Der Umsturz wurde mit Hilfe »professioneller Berater« realisiert, finanzielle Unterstützung, so der Kommentator, bekamen die »Verteidiger der Demokratie« aus den USA. »Ob Zufall oder nicht – die Berater sind immer dort zu treffen, wo der Westen die Opposition unterstützt.« Die Berater-Organisation heißt Otpor (zu Deutsch: Widerstand) und firmiert als CANVAS (Strategiezentrum für den gewaltlosen Widerstand) in Belgrad; das Geld kommt aus den USA. Vor dem serbischen Parlament erfolgte einst der Probelauf für das Umsturzszenario, dessen Spiritus Rector Gene Sharp heißt, ein inzwischen 83-jähriger Harvard-Professor, der eine bereits in 34 Sprachen verbreitete »Bibel für den gewaltlosen Widerstand« verfasste. »Von der Diktatur zur Demokratie. Ein Leitfaden für die Befreiung« heißt

seine Sammlung von 198 Methoden gewaltloser Aktionen. 2009 kam die arabische Ausgabe in Beirut heraus. Srdja Popovic (»Demokratie-Aktivist«) sei einer der wenigen, die vor die Kamera traten, sagt der Kommentator des Films. Nach der »serbischen Revolution« 1999 sei Otpor in 37 Staaten aktiv gewesen, erklärt Popovic stolz vor der Kamera. »Wir können erfolgreiche Revolutionen vorweisen: in Georgien, in der Ukraine, in Ägypten, Tunesien ... Keine Ahnung, wie viele Bewegungen unser Symbol, die geballte Otpor-Faust, benutzt haben.« Man sah sie jedenfalls in Russland, Venezuela, Iran, zuletzt in Ägypten.
Der US-Historiker F. William Engdahl, der sich seit drei Jahrzehnten mit diesem Thema beschäftigt, ist überzeugt, dass Otpor nicht allein handelt. Diese Leute seien mittlerweile in etwa 50 Staaten aktiv und führten den Plan der USA aus, missliebige Regime zu stürzen. »Klar sagen sie, sie seien idealistische Jugendliche, die bereits gegen Milosevic in Serbien gekämpft haben, und nun ihr Wissen an die Welt weitergeben wollen. Aber das ist keine plausible Erklärung. Ich denke, dass sie vom amerikanischen Geheimdienst finanziert werden.« Sie werden, so Engdahl, in jenen Staaten aktiv, die auf einer Liste des Pentagon stehen, in denen von den USA ein Regimewechsel angestrebt wird. Und ganz im Sinne von Sharp bekommt jede »oppositionelle Bewegung« ihre eigene Marke: die »Orangene Revolution« in der Ukraine 2004, wo man mehrere Millionen Dollar und sein Handbuch im Land »für den demokratischen Wandel« verteilte, die »Rosenrevolution« in Georgien, die »Tulpen-Revolution« in Kirgisien, die »Jeans-Revolution« in Belorussland, die »Jasmin-Revolution« in Tunesien ... »Das Sponsoring kam immer aus den USA.«
Damit behaupte ich nicht, dass diese Schüler der EOS »Carl von Ossietzky« Marionetten irgendwelcher Geheim-

dienste waren. Aber die Abläufe weisen gewiss nicht zufällig bestimmte Ähnlichkeiten auf, sollte man meinen.

Dass viele am Sarg der DDR gezimmert haben, wissen wir, sie wurde vom ersten Tag ihrer Existenz an bekämpft, weshalb wir wachsam waren. Aber zu Ihrem recht ausführlichen Exkurs: Die Disziplinlosigkeiten an der Ossietzky-Schule störten zwar den normalen Schulbetrieb, aber waren, meine ich, keine geheimdienstliche Inszenierung wie jene in der arabischen Welt. Da sollten wir die Kirche im Dorf lassen.

Ungeachtet dieses Hintergrundes will ich auf diesen Fall lediglich aus schulpolitischer Sicht eingehen.

In der DDR konnte man eine Erweiterte Oberschule besuchen und die Hochschulreife erwerben – man musste es nicht. Es gab für den Schüler sowenig eine Pflicht zum Abitur, wie der Staat verpflichtet war, jedem, der das Abitur zu machen wünschte, dies auch zu ermöglichen. Natürlich, die Zulassung war kein Gnadenakt des Staates, Schüler mussten sich nicht krumm machen oder sich den Platz an der EOS in irgendeiner Form erkaufen oder erkämpfen. Aber es war nicht unbillig, wenn der Staat, der einem jungen Menschen die individuelle Ausbildung finanzierte, dafür mindestens Loyalität erwartete. Warum sollte er, um die Metapher in Äsops Fabel »Der Bauer und die Schlange« zu benutzen, eine Schlange an seinem Busen nähren oder wärmen?

Und schließlich: Jede Schule hat Hausrecht. Sie kann Schüler, wenn diese gröblichst gegen die dort geltenden Regeln verstoßen, des Hauses verweisen. Das ist in der Bundesrepublik nicht anders.

Vielleicht war das Urteil in diesem Falle zu hart, zu überzogen, eventuell hätten die Schule, der Kreisschulrat und alle, die involviert waren, auch milder und nachsichtiger handeln können? Vielleicht hätte man auf administrative Maßnahmen verzichten sollen. Warum mussten sich politische Instanzen einschalten, etwa der 1. Sekretär der Berliner SED-Bezirksleitung? Günter Schabowski solle, wie man sagt, einer der Scharfmacher bei dieser Geschichte gewesen sein, worüber später aber nie ein Wort verloren wurde.

Ich hielt die getroffenen Entscheidungen für angemessen. Selbst wenn diese Schüler nur benutzt wurden, von wem auch immer, und egal, wer das Drehbuch dafür geschrieben hatte und die Strippen zog – Freunde der DDR waren es ganz gewiss nicht.

Natürlich lässt sich dieser Vorfall auch heute noch wunderbar gegen die DDR verwenden: hie die Opfer, die armen Schüler – da die brutale Staatsmacht. Gut und Böse sind klar geschieden und zu erkennen.

Aber seien wir doch mal ehrlich: Wenn 1988 in einem Gymnasium im tiefsten schwäbischen Schwarzwald oder in einem anderen Bundesland Schüler relegiert worden wären: Würde darüber heute jemand auch nur ein Wort verlieren? Ich bezweifle, dass sich selbst beim Rauswurf jemand dafür interessierte. Von den Betroffenen und den Eltern vielleicht abgesehen.

Das ist doch alles normal und zulässig. Nehmen Sie beispielsweise das Bayerische Gesetz über das Erziehungs- und Unterrichtswesen aus dem Jahr 2000. Da heißt es im Artikel 56 über Rechte und Pflichten der Schüler: »Die Schülerinnen und Schüler haben alles zu unterlassen, was den Schulbetrieb oder die Ordnung der von ihnen besuchten Schule oder einer anderen Schule stören könnte.« Und in Artikel 86 (»Ordnungsmaßnahmen als Erziehungsmaßnahmen«) ist dezidiert aufgelistet, was bei Verstößen angewendet werden kann. Das reicht vom schriftlichen Verweis über Versetzung an andere Schulen bis hin zum befristeten Ausschluss vom Unterricht. Unter Punkt 9 heißt es: »Entlassung von der Schule durch die Lehrerkonferenz (Art. 87)«, und unter Punkt 19: »Ausschluss von allen Schulen einer oder mehrerer Schularten durch das zuständige Staatsministerium (Art. 88)«

Das heißt, es ist völlig legitim und gesetzeskonform, wenn Schüler relegiert werden. Aber geben Sie mal bei Google nur die beiden Stichworte »Schule« und »Relegation« ein. Was meinen Sie, was da erscheint?

Carl-von-Ossietzky-Oberschule.

Genau. Die ersten Nennungen dazu kommen von der »Stasi«-Unterlagenbehörde (BStU), dann gibt es »Ossietzky-Affäre« bei Wikipedia. Und gibt man direkt »Ossietzky-Affäre« ein, erfolgen dazu 10.700 Nennungen. Nicht etwa, wie man vielleicht annehmen könnte, auch zum Skandal um die Verleihung des Namens Carl von Ossietzky an die 1973 gegründete Universität Oldenburg und Osnabrück. 18 Jahre lang kämpften Studenten- und Lehrerschaft um diesen Namen, 18 Jahre lang verweigerte die Landesregierung unter Ministerpräsident Albrecht (CDU) – übrigens Vater der gegenwärtigen Bundesministerin Ursula von der Leyen – die Zustimmung. Erst 1991, unter seinem Nachfolger Gerhard Schröder (SPD), erhielt die Alma mater diesen Namen.

Unter »Ossietzky-Affäre« findet sich auch ein Beitrag des Bundesministeriums des Innern. »Die Ossietzky-Affäre ist der Höhepunkt sozialistischer Bildungs-Willkür. Unzählige waren relegiert, Zehntausende gar nicht erst zum Abitur zugelassen worden, doch bisher scheiterten die Betroffenen im Stillen. Nun regt sich breiter Widerstand. Kirchen halten

Solidaritäts-Andachten. West-Medien berichten. Eine Welle von Protestbriefen erreicht SED, Ministerrat, Volkskammer. Anfang November 1989 tilgt das Volksbildungsministerium die Schulstrafen. Die Jugendlichen dürfen wieder lernen. Heute hat jeder von ihnen Abitur.
Im Oktober 1989 wäre Carl von Ossietzky, der Namensgeber der Schule, 100 Jahre alt geworden. Der Journalist und Friedensnobelpreisträger war Herausgeber der Zeitschrift Die Weltbühne, *hat gegen Aufrüstung und Krieg geschrieben. Die relegierten Ossietzky-Schüler hatten nichts anderes getan, als sich in seinem Sinne zu engagieren.«*

Hübsche Heuchelei.

In einem Buchladen

Was bleibt?

Die 80er Jahre waren für die DDR nicht einfach. Die gesellschaftlichen Probleme hatten sich zu einem Gordischen Knoten geschürzt. Da waren die wirtschaftlichen Zwänge – auch bedingt durch die wachsenden Belastungen des Haushalts durch steigende Rohstoffpreise, aufgenötigte Verteidigungsanstrengungen, fehlende Integration des RGW etc. –, die Abkopplung von der weltweiten Arbeitsteilung aufgrund restriktiver Maßnahmen des Westens (Stichwort CoCom), die ideologische Aufweichung, worauf Sie als Ministerin beispielsweise mit der Forderung reagierten, die sozialistischen Überzeugungen stärker auszuprägen. Das gipfelt in Ihrem Appell auf dem IX. Pädagogischen Kongress: »Für uns heißt es nicht zurück zu Marx, Engels und Lenin, sondern mit ihnen vorwärts, auch in das nächste Jahrtausend.«

Das war ein Reflex auf die unterschiedlichen Versuche des politischen Gegners, uns einen »pluralistischen«, »humanen«, »modernen« Sozialismus zu empfehlen. Hinter dem demagogischen Geschwätz verbarg sich nur zu offensichtlich die Absicht, uns die Rückkehr zu bürgerlichen Verhältnissen anzupreisen. Ich denke, dass unsere Orientierung richtig war. Die Sowjetunion und das sowjetische Sozialismusmodell sind nicht an zu viel, sondern an zu wenig Marx zugrunde gegangen.

Die Orientierung war richtig. Aber geholfen hat sie nicht. Prof. Günter Wilms, der eine Zeitlang in Ihrem Ministerium arbeitete und der Akademie der Pädagogischen Wissenschaften angehörte, leitete von 1980 bis 1990 das in

Potsdam ansässige Akademie-Institut für Leitung und Organisation des Volksbildungswesens (ILO). In seinem 2009 erschienenen Buch »Perspektive Menschenbildung«, das auf eine demokratische Bildungsreform zielt, bilanziert er auch die 80er Jahre in der DDR. Das Bildungswesen sei zunehmend in Schwierigkeiten geraten, »was sich in Stagnationserscheinungen, fehlendem oder zögerlichem Aufgreifen neuer Fragestellungen, zunehmendem vorrangig administrativem Vorgehen der Schulverwaltung und nicht zuletzt ins Formale abgleitenden erzieherischen und pädagogischem Aktivitäten in den Schulen und anderen Bildungseinrichtungen zeigte«. Wilms sieht die Ursachen dafür »natürlich insgesamt in den Problemen der DDR-Entwicklung in dieser Zeit«, sie seien aber »gewiss auch im Bildungswesen selber und in seinen Beziehungen zur Gesellschaft zu suchen. Hochgesteckte Ziele und anspruchsvolle Inhalte auf allen Stufen des Bildungswesens gerieten in Widerspruch zur Realität des gesellschaftlichen Lebens und auch zu den ökonomisch-finanziellen Möglichkeiten.« Starker Tobak.

Starker Tobak.

Es kommt noch härter. Wilms meint, dass »viele kritische Stimmen und konkrete Vorschläge an den IX. Pädagogischen Kongress herangetragen, von ihm aber nur halbherzig aufgenommen und verarbeitet wurden«.

Naja, ich will mich jetzt nicht in eine Auseinandersetzung mit Wilms und seinen Auffassungen treiben lassen. Er hat seine Sicht auf die Dinge und ich die meine. Damit sage ich nicht, dass der Professor irrt. Im Nachgang ist es immer leicht zu urteilen, weil man das Ende der Entwicklung kennt. Günter Wilms hat lange an meiner Seite gearbeitet, ich schätze unverändert seine geradlinige Art. Die

Zentrale FDJ-Aktivtagung der Freundschaftspionierleiter, Dresden 1987. Am Pult Wilfried Poßner, der Vorsitzende der Pionierorganisation, links hinter ihm die Bildungsministerin. Im Präsidium Zweiter von links Hans Modrow, 1. Sekretär der SED-Bezirksleitung Dresden, in der Mitte Egon Krenz, der u. a. für die Jugend zuständige ZK-Sekretär, und FDJ-Chef Eberhard Aurich

behält er auch in der Kritik bei. Sein Buch, aus dem Sie zitierten, hat knapp 400 Seiten. Sie bringen ausgerechnet die wenigen Zeilen, die ich nicht unterschreiben würde. Ich finde sein Buch nicht nur für Pädagogen anregend, sondern auch für die aktuelle politische Diskussion über eine demokratische Bildungsreform wichtig.

Haben wir damals um den IX. Kongress herum nur halbherzig reagiert?

Ich habe mich beispielsweise am 13. Oktober 1989, sechs Tage nach dem 40. Jahrestag und den ihn begleitenden Krawallen, mit den Bezirksschulräten getroffen. Da waren wir uns durchaus bewusst, was die Glocke geschlagen hatte. »Vieles in diesen Tagen ist emotional. Das ist verständlich, denn niemand von uns nimmt gelassen hin, wenn es um den Sozialismus und seine Verteidigung geht, um Probleme, die wir zu lösen haben. Wir haben unsere Arbeit nie ohne Emotionen gemacht. Dass sie heute höher schlagen, ist verständlich. Aber was wir nicht brauchen, das ist eine Psychose, die uns von überlegter, sachlicher Arbeit abhält.«

Und weiter führte ich vor den Bezirksschulräten aus: »Es ist völlig richtig, deutlich zu machen, dass in der Schule, von der wir immer gesagt haben, dass sie mit allen Fäden mit der Gesellschaft verbunden ist, sich all das widerspiegelt an Positivem – und das ist das Bestimmende auch heute – wie auch an Unklarheiten, ideologischen Einwirkungen und Einbrüchen in unserer Gesellschaft. Das alles spiegelt sich wider bei Lehrern und Schülern. Das ist die objektive Situation. Es geht nicht um Schuldzuweisungen, es geht um die Wahrnehmung der Verantwortung, die Dinge mit lösen zu helfen. Und das setzt zwingend auf die Tagesordnung, dass wir in unserer Führungsarbeit die Erziehung der Kader, der Lehrer, der Schüler überzeugender, wirksamer gestalten müssen.«

Sie blieben bei Ihren Prämissen.

Warum denn nicht? Kontinuität und Langfristigkeit sind doch wichtige Elemente jeder pädagogischen Arbeit. Sprunghaftigkeit bringt nichts. »Wir werden uns wehren, wenn verschiedene Leute verantwortungslos über die Schule reden, wenn sie die Jugend durcheinanderbringen.« Auch auf dieser Beratung in freier Rede und mit innerer Erregung gesagt: »Eins aber muss uns vor allem klar sein: Es muss gearbeitet, hart gearbeitet werden in allen Bereichen, auf allen Gebieten. Wo nicht gearbeitet wird, entwickelt sich eine Situation, wie wir sie in der Sowjetunion, in Ungarn, in Polen haben, und das gerade will doch der Gegner auch in der DDR. Das hieße für uns, einen solchen Weg der Reformen, Umgestaltungen zu gehen, der nicht nur – was allerdings die Hauptfrage ist – an der Macht des Arbeiter-und-Bauern-Staates rüttelt, sondern der auch zur Preisgabe, zur Aufgabe der führenden Rolle der marxistisch-leninistischen Partei führt und zur Preisgabe des erreichten Lebensniveaus.

Wer glaubt denn, dass nur mit der Diskussion um mehr Konsumgüter die Probleme der Volkswirtschaft lösbar wären? Das geht doch nur durch Arbeit, und das müssen wir mit aller Deutlichkeit allen sagen.

Und wenn manchmal, wie in der Diskussion gesagt wurde, Grundfragen nicht angenommen werden, auch wenn sie mitunter nicht anerkannt werden, dürfen wir nicht aufgeben, über Grundfragen zu reden.

Eine solche Grundfrage, die den Ernst der Situation heute kennzeichnet, ist, dass die große Gefahr besteht, dass die gezielte Destabilisierungspolitik rechter Kreise der BRD und der Sozialdemokratie zu einer ernsthaften Konfrontation in Europa führen kann.

Man will das endgültige Aufrollen des Sozialismus, die Liquidierung unseres Arbeiter-und-Bauern-Staates, alles, was vor der Sowjetunion liegt – in Polen und Ungarn ist da ja schon vieles im Gange –, möchte man aufrollen.

Dass die DDR ein Friedensfaktor, ein Sperrriegel ist, das ist keine Phrase, es ist vielmehr eine Aufgabe, weiter Sperrriegel zu bleiben.

Besser müssen wir erklären, warum und wieso, was der Gegner will und was wir verhindern müssen. Diese Aufgabe, Sperrriegel zu bleiben, ist aktuell wie nie zu vor.

Es geht in der Diskussion um die Frage, wie der Sozialismus besser zu machen ist, vor allem aber um die Erhaltung des Friedens. Wir brauchen Besonnenheit in den Beziehungen zwischen beiden deutschen Staaten. Jede Zuspitzung, eine weitere Eskalation der Konfrontation kann ernste Folgen haben.«

Die Sowjetunion stand offenkundig für Sie nicht zur Disposition?
Nein, unvorstellbar. Polen, Ungarn vielleicht.

Sprach da die Bildungsministerin oder das ZK-Mitglied Margot Honecker?
Ich habe da nie unterschieden.

»Die DDR ist keine Insel, und sie hat auch nicht den Heiligenschein der Unfehlbarkeit«, sagten Sie dort auch.
Ja. Die Insel meinte: Wir durften unsere Jugend nicht mit der Illusion aufwachsen zu lassen, es gäbe keine Feinde mehr in dieser Welt. Der Klassenkampf sei zu Ende und der Frieden könne sich ungehindert über den ganzen Erdball ausbreiten. Der Imperialismus sei reformfähig und der Sozialismus kompromissbereit, und beide würden sich schon einmal einig werden. Diese Art von Konvergenz war eine gefährliche, lähmende Illusion.

Unter den Bedingungen der Zweistaatlichkeit Vaterlandsliebe zu wecken und zu entwickeln – angesichts der vielen familiären Bindungen zu den Menschen drüben und der unmittelbaren ideologischen Einwirkung – war verdammt schwer. Wir haben lange gekämpft gegen den deutschen Nationalismus und für den Internationalismus. Aber ebenso notwendig war es auch, nationale Gefühle für die DDR zu wecken und zu entwickeln. Dabei spielte das Wissen um die Geschichte eine wesentliche Rolle, sie half emotionale Bindungen herzustellen und Werte zu verinnerlichen. Auch hier waren wir erst auf dem Weg.

Nicht den »Heiligenschein der Unfehlbarkeit« zu tragen heißt übersetzt: Es wurden Fehler gemacht.

Na sicher. Diese einzugestehen war doch nicht das Problem, sondern die Neigung, nur noch die Fehler zu diskutieren. Sie wurden erstens dadurch nicht überwunden und zweitens hielt es vom Nachdenken ab, was wie besser zu machen sei. Ich diskutiere lieber nach vorn und ungern nach hinten, wenn Sie verstehen, was ich meine.

Beginnen wir damit. Die Schiefertafel, auf der auch Sie gewiss in der Volksschule in Halle schreiben gelernt haben, gleicht in Form und Größe den heutigen Tablet-PC, die inzwischen an den Schulen Einzug halten. Und kurioserweise heißt das englische tablet »Schreibtafel«. Wir sehen, dass sich alles verändert, aber eigentlich auch wieder nicht. Mit der Pädagogik, mit der Bildung und Erziehung verhält es sich wohl ebenso.

Sie meinen, dass das, was wir in der DDR-Volksbildung versucht haben, sich in irgendeiner Form fortentwickeln und aufgegriffen werden könnte? Prinzipiell ja, aber unter den gegenwärtigen gesellschaftlichen, also kapitalistischen Bedingungen eher nein.

Um gleiche Bildungsmöglichkeiten für alle Kinder und Jugendlichen zu schaffen braucht man gesellschaftliche Rahmenbedingungen, wozu ich nicht nur eine zentrale Führung des Bildungswesens rechne. Aber wichtig ist das schon. Die Chancengleichheit für alle haben wir nicht vollständig erreicht, aber wir waren auf dem besten Weg dorthin.

Unser Bildungswesen war ein fester Bestandteil des gesamtgesellschaftlichen Systems. Ohne die aktive Mitwirkung vieler gesellschaftlicher Kräfte hätte es nicht funktioniert, es wäre nicht denkbar gewesen. Dazu gehörten die volkseigenen Betriebe wie die Elternvertretungen, die Kinder- und Jugendorganisationen ebenso wie der Schulbuchhandel etc.

Die Vorschuleinrichtungen und Schulen profitierten von den umfangreichen sozialen Leistungen direkt und indirekt. Sie sicherten optimale Lebensbedingungen und trugen maßgeblich dazu bei, dass die DDR ein kinder- und jugendfreundliches Land werden konnte. Nachwuchs war willkommen und keine untragbare Last.

Wir hatten, um es in einem Satz zu sagen, eine Schule, die in der Welt hohe Anerkennung genoss und von vielen Ländern als Beispiel für ein humanistisches Bildungswesen gesehen wurde. Dahinter verblassen zu Recht die Unzulänglichkeiten und Ärgernisse, die es überall gibt. Sie als das Wesentliche hervorzukehren und anzuprangern provoziert doch die Frage: Warum und mit welcher Absicht? Unterm Strich bleibt: Die meisten Frauen und Männer, die in der Volksbildung tätig waren, können stolz auf ihre ordentliche Arbeit sein. Die meisten Kinder, die durch diese Schule gingen, sind ihnen unverändert dankbar. Stimmt doch, oder?

Kein Widerspruch.

Am Eingang zu ihrem Häuschen

*Auf die Barrikade
oder: Abwarten, was kommt?*

Das Ministerium für Volksbildung stand vis-à-vis dem Brandenburger Tor. Das fünfstöckige Eckgebäude Unter den Linden war 1961 errichtet worden. Nach dem Anschluss der DDR wurde es bis auf das Stahlskelett abgetragen: was für eine Metapher! Dann hat man es binnen zwei Jahren mit fünfzig Millionen D-Mark »aufgepeppt«, wie die »Berliner Zeitung« schrieb. 170 Büros für Bundestagesabgeordnete, Sitzungssäle und die Bundestagsverwaltung kamen darin unter. »Margot Honecker hätte sich wohl in ihren kühnsten Träumen nicht ausgemalt, dass in ihrem DDR-Volksbildungsministerium die Bundestagsabgeordneten einmal Quartier beziehen würden. Jetzt ist es so gekommen«, hieß es am 10. Januar 1995 in der Zeitung.

Für Albträume bedarf es keiner »Kühnheit«.

»*Weil das ehemalige Volksbildungsministerium nicht genügend Platz für alle Bundestagsabgeordneten bietet, werden zurzeit noch zwei andere Häuser saniert. So werkeln die Arbeiter gerade im benachbarten Haus der früheren Akademie der Pädagogischen Wissenschaften, das 1996 bezugsfertig sein soll. Ein weiteres Gebäude ist das ehemalige DDR-Außenhandelsministerium Unter den Linden/Ecke Neustädtische Kirchstraße, das bis 1997 generalüberholt wird. Die drei Häuser dienen jedoch nur als Übergangsquartiere. Denn endgültig sollen die Volksvertreter in den neben dem Reichstag geplanten Dorotheenblöcken und dem sogenannten Alsenblock unterkommen«, hieß es in dem Bei-*

trag weiter. Unterm Dach der benachbarten Akademie war bis etwa Mitte der 80er Jahre die Waffenkammer der Kampfgruppenhundertschaft der Akademie, der auch der Zug des Verlages Junge Welt angehörte. Ich war eine Zeitlang dabei, später kam auch Dietmar Bartsch hinzu. Weil er der Längste war, musste er das LMG schleppen, das leichte Maschinengewehr. Der Genius loci hatte etwas. Wir mussten zudem nur über die Straße gehen, um uns zum Gruppenbild vorm Brandenburger Tor aufzustellen, dort, wo am 13. August 1961 die Kampfgruppen standen. Auch auf diese Weise lernten wir mit Geschichte umzugehen. Es ist auch bekannt, dass der Geschichte Ironie nicht fremd ist, und es hätte gewiss Witz gehabt, befände sich das Büro des heutigen Bundestagsabgeordneten Bartsch in eben jenem Hause, aber leider sitzt er 200 Meter weiter. Trotzdem: Auch so sieht man die Kontinuität der Geschichte, sie strömt wie ein Strom unablässig dahin. Es gibt nie Stillstand, keine Stunde Null, allenfalls mal eine Biegung oder einen Wasserfall.

Sie räumten am 2. November 1989 Ihr Büro im Ministerium. Geschah das emotionslos? Sie wirken – auch heute noch – immer sehr abgeklärt, beherrscht, kontrolliert.

Nun ja, ich bin nicht gerade in Tränen zerflossen, aber es wäre nicht die Wahrheit, behauptete ich, dass mich dieses Ende nicht berührt oder gar kalt gelassen hätte. Die Volksbildung war mein Leben, den größten Teil meiner Arbeits- und Lebenskraft hatte ich dort, ja, verbraucht.

Sie sind nicht entlassen worden, sondern traten zurück. Warum? Fürchteten Sie den Rausschmiss?

Nein. Der stand zu jenem Zeitpunkt nicht zur Debatte. Ich war ohne Illusion über den Fortgang, nicht aber ohne jede Hoffnung. Ich sah, dass das Bildungswesen massiv angegriffen wurde – nicht zuletzt auch deshalb, weil es mit dem Namen Honecker verbunden war. Ich erklärte, dass ich nicht zu jenen gehöre, die ihre Positionen bereit sind aufzugeben oder die Flucht nach vorn antreten, um ihre Funktion zu behalten. »Ich weiß, was in dieser Situation an Standhaftigkeit und Flexibilität verlangt wird. Dieser Verantwortung sehe ich mich gewachsen, aber ich will nicht, dass das Volksbildungsaktiv unter Druck gerät, weil dieses Ministerium von mir geleitet wird.« Mir war ziemlich klar, wohin die Reise geht. Ich war damals 62 und hatte seit längerem die notwendigen Vorbereitungen getroffen, um aus dieser Arbeit auszuscheiden.

Wohin, glaubten Sie, würde die Reise gehen? Die Grenze war noch zu, das Land blutete erst nach dem 9. November richtig aus. Schabowskis flapsiger wie fahrlässiger Versprecher war sieben Tage vorher nicht absehbar.

Nein, so konkret nicht, aber es gibt doch so etwas wie einen Automatismus, der sich nach den Regeln der Wahrscheinlichkeit vollzieht. Wenn Sie wiederholt bei Rot-Gelb über die Kreuzung huschen, wird es Sie unter Garantie auch einmal bei Rot erwischen, und Sie sind Ihren Führerschein los.

Fahren Sie Auto?

Vor unserem Haus in Wandlitz stand immer mein Wartburg, sehr zum Leidwesen der Personenschützer. Denn ehe sie es mitbekamen, war ich durchs Tor. In Chile bin ich auch noch eine Zeitlang gefahren, aber irgendwann wurde mir der Verkehr zu hektisch und ich habe es seinlassen.

Noch einmal zurück zu meiner Frage: War für Sie Anfang November absehbar, was kommen würde?

Das wusste wohl niemand. Da ich aber nicht nur politisch denke, sondern auch die Geschichte kenne, weiß ich, dass eine Konterrevolution nie auszuschließen ist, so lange die neue Gesellschaftsordnung nicht endgültig gesiegt hat. Hatten wir nicht insbesondere in den 80er Jahren vor einer solchen Gefahr gewarnt? Dennoch, nicht nur wir, alle fortschrittlichen Kräfte in der Welt gingen davon aus, dass die sozialistische Entwicklung mit einer verlässlichen Sowjetunion an der Spitze unumkehrbar sei. Der Machtverlust der Sowjetunion infolge der Perestroika hat rapide das Kräfteverhältnis in der Welt verändert.

Hatten wir nur eine halbe Revolution? Die Lesart war doch, in der DDR habe die sozialistische Revolution gesiegt?

Wir hatten sozialistische Produktionsverhältnisse, die Grundlagen waren geschaffen. Aber bezüglich der gesellschaftlichen und der Lebensverhältnisse waren wir noch auf dem Weg. Vor uns lag noch eine gehörige Strecke.

Eilte unsere Propaganda der Wirklichkeit voraus?

Kann man so sehen. Aber wie will man Menschen motivieren wenn nicht mit einer Perspektive, die erstrebenswert ist?

Das ist mir wie das Paradiesversprechen im Jenseits, mit dem die Kirche ihre Gläubigen motiviert, sich durchs irdische Jammertal zu quälen. Mit der Aussicht auf ein besseres Leben nach dem Tode lässt sich alles ertragen, Ausbeutung, Unterdrückung, selbst der Heldentod fürs Vaterland.

Nein, ganz anders, nämlich wie es Heinrich Heine in »Deutschland, ein Wintermärchen« meint:

Ein neues Lied, ein besseres Lied,
O Freunde, will ich Euch dichten!
Wir wollen hier auf Erden schon
Das Himmelreich errichten.

Wir wollen auf Erden glücklich sein,
Und wollen nicht mehr darben;
Verschlemmen soll nicht der faule Bauch,
Was fleißige Hände erwarben.

Es wächst hienieden Brot genug
Für alle Menschenkinder,
Auch Rosen und Myrten, Schönheit und Lust,
Und Zuckererbsen nicht minder.

Ja, Zuckererbsen für jedermann,
Sobald die Schoten platzen!
Den Himmel überlassen wir
Den Engeln und den Spatzen.

War auch Schulstoff in der DDR ... Ich hatte Sie aber vorhin unterbrochen. Sie wollten mir erklären, dass Sie aus der Geschichte wüssten, wie Klassenkämpfe mitunter endeten. War Ihnen, als Sie Ihr Ministeramt aufgaben, bewusst, dass sich nunmehr die DDR erledigt hatte.

Natürlich nicht, es bestanden ja noch Chancen, wenn auch nur geringe. Heute wissen wir es besser. Es liefen schon jahrelang Prozesse im Hintergrund – hinter unserem Rücken und über unsere Köpfe hinweg. Die Weichen wurden in Washington und Moskau gestellt. Wir waren keine Verbündeten mehr, sondern Verhandlungsmasse. Ob ich nun gegangen oder geblieben wäre, hätte daran nichts geändert.

»Margot laß die Hose runter!« Aufforderung im Herbst '89

Waren Sie sich dessen in dieser Deutlichkeit bewusst?
Dass die Weichen bereits von den Großmächten gestellt worden waren?

Ja.
Ich gebe zu, dass ich diesbezüglich im Kopf weiter war als mit dem Herzen.

Sie wollen damit andeuten, dass Ihr analytischer Verstand anders urteilte als Ihr Gefühl, etwa bei Ihren Empfindungen für die Sowjetunion.
So kann man es sagen. Wer die Zeichen richtig deutete und 1 und 1 zusammenzählte, begriff, wohin Gorbatschow und seine Mannschaft steuerten. Das lässt sich übrigens in den nachgelassenen Erinnerungen des letzten DDR-Botschafters in Moskau, Gerd König, deutlich herauslesen. Sehr präzise, sehr detailliert, sehr überzeugend beschreibt er seine Beobachtungen vor Ort. Dennoch

erstaunte mich beim Lesen seine punktuelle politische Naivität ... Aber das hat nun wirklich nichts mehr mit Volksbildung zu tun. Wir hatten vereinbart, uns ausschließlich über dieses Thema zu unterhalten.

Gut, kehren wir wieder dorthin zurück. Nur noch eine letzte Frage dazu: Wenn die Würfel über das Ende der DDR anderenorts fielen: Sind wir gänzlich ohne Schuld?

Schuldig insofern, als wir die Niederlage nicht hatten aufhalten oder verhindern können. Wenn Sie auf die Fehler hinauswollen, die wir gemacht haben – und dazu bedarf es weiterer Analysen –, so meine ich, dass die DDR nicht an ihren Fehlern zugrunde gegangen ist. Ja, wir haben es nicht vermocht, dem Gegner hinreichend Widerstand entgegenzusetzen.

Auf die Barrikade oder abwarten, was kommt?

Weder noch. Das ist eine stete Auseinandersetzung, in der wir uns bereits befinden. Und es werden Formen des Protestes und der Veränderung hervortreten, die wir noch nicht kennen.

Ich erlebte es vorgestern vor Ihrer Haustür. Seit Mai vergangenen Jahres gehen Schüler, Studenten, Eltern und Großeltern in Chile auf die Straße. Zunächst ging es nur gegen die Schul- und die Studiengebühren, danach um das Schulgesetz, dann gegen die Verfassung, die noch aus Pinochet-Zeit rührt. Der Protest, oft sehr originell und geistreich, wird inzwischen von der Mehrheit des Volkes getragen. Da entwickelt sich etwas.

Und woanders gibt es die Occupy-Bewegung, attac, da und dort, überall auf der Welt formiert sich Widerstand gegen dieses unmenschliche System der Ausbeutung, der

Margot Honecker, Frank Schumann, Enkel Roberto und Freundin auf der Terrasse

Unterdrückung und der Kriege. Die Idee von einer gerechten, von einer friedlichen, von einer demokratischen, von einer sozialistischen Welt ist nicht gestorben. Sie wird Gestalt annehmen, da bin ich unverändert optimistisch. Und zugleich dankbar, einige Zeit mit Millionen Menschen, mit meinen Lehrern und Erziehern, mit meinen Genossen in der DDR für diesen Traum an exponierter Stelle mitgewirkt zu haben.

Protestdemonstration in Santiago, 22. September 2011

»Camilla – das ist die Zukunft«.
Ein nachträglicher Exkurs

Zwei Tage zuvor, am 22. September 2011, einem Donnerstag, waren wieder über hunderttausend Menschen friedlich durch die Innenstadt gezogen. Ich hatte fotografiert, mich auch unter die martialisch gewandete Polizei gemischt. Meine Bemühungen, mit der Studentenführerin Camilla Vallejo, dem »Gesicht« der seit Mai laufenden Proteste, zu sprechen, waren jedoch nicht von Erfolg gekrönt. Dafür traf ich am Freitagvormittag, ehe ich mich wieder zu Margot Honecker zur Forsetzung unseres Interviews aufmachte, Patricio Palma.

Palma, Jahrgang 1942, hatte sich bereits mit 15 dem kommunistischen Jugendverband angeschlossen, als Diplomingenieur gearbeitet und musste nach dem Putsch das Land verlassen. Er kam in die DDR und war zur selben Zeit, als ich an der Leipziger Karl-Marx-Universität Journalistik studierte, Student an der dortigen Sektion Geschichte. Wir hätten uns also begegnen können. Und vielleicht haben wir uns auch gesehen, ohne uns jedoch bewusst wahrzunehmen. Nach dem Studium promovierte Palma bei dem DDR-Historiker Manfred Kossok, um dann bis 1987 an der KMU eine wissenschaftliche Tätigkeit auszuüben. Danach kehrte er nach Chile zurück. Seit 1998 gehört Patricio Palma dem Politbüro der kommunistischen Partei an. Am Gespräch mit Palma nahm David McConell teil, Nachfahre irischer Einwanderer und mit einer ähnlichen Vita wie sein Genosse Patricio. McConell hat in der Allende-

Regierung gearbeitet, flüchtete in die DDR, studierte dort und kehrte wieder zurück. Kinder und Enkel leben noch immer in Deutschland, sein Sohn Ivo beispielsweise führt im Berliner Bahnhof Friedrichstraße ein Geschäft, dem »Obsttresen«.

Das Gespräch mit Palma und McConell ist offen und freundschaftlich. Es kreist um die Protestbewegung, um die abwesende Camilla Vallejo und um Bildungsfragen.

Das Interview veröffentlicht die Tageszeitung *junge Welt* am 8. Oktober. Die Versuche der Zeitung, Vallejo als Referentin für die traditionelle Luxemburg-Konferenz im Januar zu gewinnen, scheitern an ihrer Termin-Planung. Camilla Vallejo kann erst Anfang Februar nach Europa kommen. Dann finden diverse Begegnungen in Schweden, in der Schweiz, in Italien und in Deutschland statt.

Bis Anfang Dezember 2011 war sie Präsidentin des Studentenverbandes der Universität von Chile (FECH), sie unterlag bei der Wahl knapp Gabriel Boric von der Linken Liste, seither ist sie seine Stellvertreterin. In einem Gespräch mit ihr und Boric, das in der *jW* am 24. Januar 2012 erschien, analysierten die beiden sehr präzise und selbstkritisch Erfolge und Ziele der Protestbewegung im Vorjahr. Sie hätten darauf aufmerksam gemacht, »dass sich das Bildungssystem in einer Krise befindet und dass es notwendig ist, gegen die Dominanz des Marktes in der Bildung vorzugehen. Wir haben gezeigt, dass das aktuelle Bildungssystem wieder öffentlich werden muss«, erklärte Camilla Vallejo. Mehr noch, die Proteste haben deutlich gemacht, »dass wir in Chile einen tiefgreifenden Wandel brauchen, nicht nur in der Bildung, sondern auch im politischen Umfeld.« Und Boric ergänzte: »Wir müssen auf die Straße gehen und

Patricio Palma (l.) und David McConell

unsere Unzufriedenheit zeigen, die Institutionen unter Druck setzen, aber vor allem durch konkrete Vorschläge. Wir können nicht mehr nur kritisieren, wir müssen auch Alternativen und Lösungen anbieten.«

Bei der Reise durch Deutschland entdeckte auch die *Frankfurter Allgemeine Sonntagszeitung* Camilla Vallejo. Das ganzseitige Interview erschien am 5. Februar. Margot Honecker, die, wie üblich, die Zeitung im Internet am Sonntagmorgen gelesen hatte, mailte mir nach der Lektüre des Interviews 12.43 Uhr MEZ – was in Chile 6.43 Uhr bedeutete: »Camilla – das ist die Zukunft.«

Wenn man dies alles zusammennimmt, lässt sich daraus sehr viel herauslesen. Erstens, dass Margot Honecker in Chile sehr gut vernetzt ist. Sie hat aktive Kontakte und Verbindungen. Das widerspricht den Behauptungen in der hiesigen Presse, sie sei einsam und vergessen und lebe abgeschieden und abgeschoben wie sehr viele Rentner in Deutschland. Zweitens verfolgt sie sehr aufmerksam alle politischen Entwicklungen auch in dem Land, in welchem sie seit zwei Jahrzehnten mehr oder minder unfreiwillig lebt und in welchem sie aller Voraussicht nach auch ihr Leben beschließen wird. Sie wird – hoffentlich erst in vielen, vielen Jahren –, dann eventuell in einer analogen Quiz-Frage auftauchen wie unlängst bei der 1.000 Sendung von »Wer wird Millionär?« geschehen: Bei welcher Person liegen Geburts- und Sterbeort am Weitesten auseinander: a) Erich Honecker, b) Albert Einstein, c) Papst Johannes Paul II. und d) John Lennon.

Natürlich war a) richtig: Zwischen Wiebelskirchen und Santiago liegen über 14.000 Kilometer.

Zwischen Halle und Santiago sogar noch ein paar Kilometer mehr.

Drittens schließlich spielten Bildungsfragen bei den beobachteten Demonstrationen und bei den Interviews eine sehr zentrale Rolle, weshalb sie durchaus in den inhaltlichen Kontext des Gespräches mit Margot Honecker gehören. Auch aus diesem Grunde haben sie einen berechtigten Platz in diesem Buch. Die dialektische Auffassung, dass alles mit allem zusammenhänge, wird auf sinnfällige Weise sichtbar.

Aber da jedoch die Protestbewegung in Chile und die Interviews nur mittelbar etwas mit Margot Honecker zu tun haben, gehören sie allenfalls in einen Anhang.

Zudem entgehe ich dadurch dem sanften Vorwurf von Margot Honecker, der im Verlaufe der 40 Stunden, welche wir in ihrem Haus miteinander sprachen, wiederholt von ihr erhoben wurde: Das hat nun wirklich nichts mit dem Thema zu.

Plaudern ist ihre Sache nicht.

Wiewohl das auch nicht ganz stimmt, denn als ich ihr einmal eine lange Mail schickte und mir dann erschreckt selber Zügel anlegte mit der Bemerkung, ich habe mich jetzt verplaudert, kam umgehend zurück, dass wir uns eigentlich immer zu wenig Zeit zum Plaudern gelassen hätten, wobei in dieser Formulierung sowohl Bedauern über die Tatsache an sich mitschwang als auch herauszulesen war, dass sie die Unterlassung nicht nur auf die Mail und die letzten zwei Jahrzehnte bezogen wissen wollte.

Das hat mich sehr mit ihr versöhnt.

Frank Schumann
Berlin, Februar 2012

Universidad de Chile an der Liber Bernardo O'Higgins, Sitz der Protestzentrale, vielleicht vierhundert Meter vom Präsidentenpalast entfernt.
Oben und rechte Seite: Aus allen Seitenstraßen strömen Schüler- und Studentengruppen auf die Magistrale, um sich dort mit den anderen zu vereinen

CONTRA LOS MOLINOS
DE LA CORRUPCION

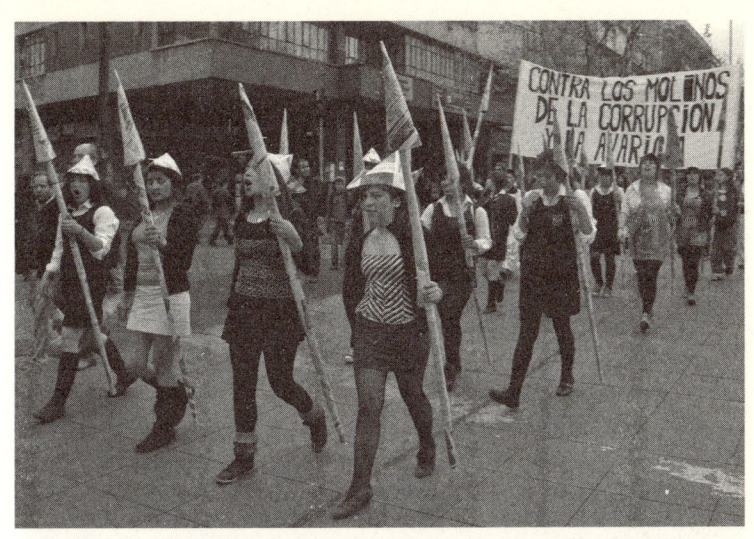

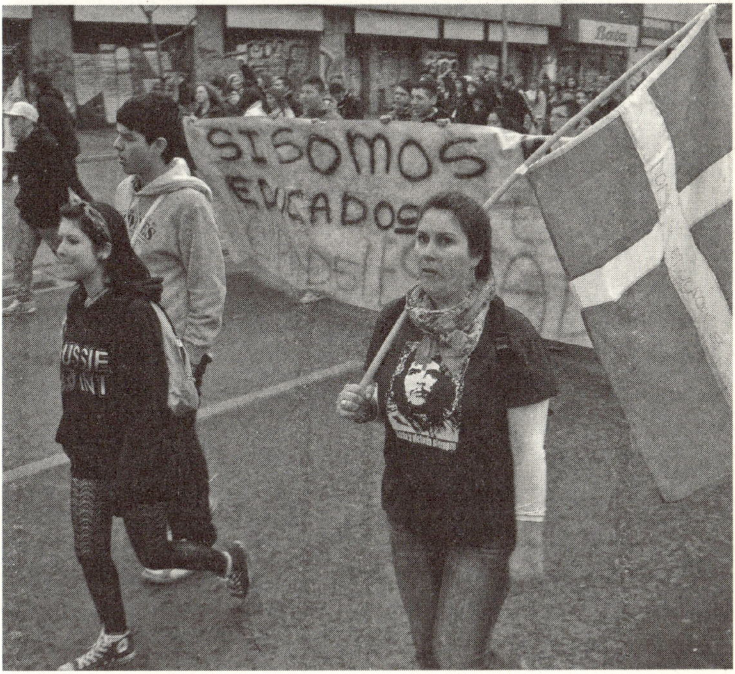
SISOMOS

Das Denkmal für den 1973 ermordeten Präsidenten Salvador Allende vor der Moneda

»Brav gewühlt, alter Maulwurf!«*

Gespräch mit Patricio Palma über die Schüler- und Studentendemonstrationen in Chile, über deren Sprecherin Camilla Vallejo und den Unterschied zu anderen Protestbewegungen in der Welt

Auf der Demonstration am Donnerstag sah ich keine Fahne der KP, am Hauptgebäude der Universität nicht einen Hinweis auf die Kommunisten. Läuft alles ohne die Partei?

Wie viele Plakate und Fahnen mit Allende haben Sie gesehen?

Erstaunlich viele, ja. Ich war insofern überrascht, als ich in der Annahme nach Chile gekommen bin, dass die drei Jahre der Unidad-Popular-Regierung unter Präsident Salvador Allende von 1970 bis 1973 nahezu vergessen sind – zumindest ist das die in Deutschland vorherrschende Meinung. Unter Diktator Augusto Pinochet habe das Land danach einen ungeahnten Aufschwung genommen, die Wirtschaft prosperiere, der Mehrheit der Chilenen gehe es besser denn je, heißt es.

Und glauben Sie das? Obwohl das Bruttosozialprodukt erheblich zugenommen hat, etwa 15.000 US-Dollar pro Kopf, zählt Chile wegen der ungleichen Verteilung zu den sozial am stärksten gespaltenen Staaten auf dem Kontinent. Der Mehrheit der knapp 17 Millionen Chilenen geht es nicht gut, vier Fünftel aller Chilenen müssen mit weniger als 300.000 Pesos im Monat auskommen, das sind etwas mehr als 400 Euro. Und das bei hohen und ständig steigenden Lebenshaltungskosten.

Gleichwohl: Laut UNO-Bericht belegt Chile in Lateinamerika den ersten Rang beim Human Development Index, dem sogenannten Wohlstandsindikator.

Wenn das die Realität wäre: Würden dann an jedem Donnerstag – und das schon seit mehr als vier Monaten – so viele Menschen auf die Straße gehen? Aufschwung und soziale Ungleichheit sind die beiden Seiten einer Medaille! Die Proteste beschränken sich doch nicht auf Santiago und Valparaíso, die beiden größten Städte des Landes, in denen rund die Hälfte aller Chilenen lebt. Und es sind nicht nur Schüler und Studenten unterwegs, Lehrer und Professoren, Tausende Lohnarbeiter, sondern auch das, was man gemeinhin den Mittelstand nennt. Das ist die größte Massenbewegung seit dem Ende der Pinochet-Diktatur Ende der 80er Jahre.

Die Bilder von den Demonstrationen, die in deutschen Zeitungen zu sehen sind – im Fernsehen finden sie kaum statt –, zeigen meist nur Krawalle: brennende Mülltonnen, Steine und Brandflaschen werfende Jugendliche, Wasserwerfer und Tränengaswolken, prügelnde Polizisten und flüchtende Demonstranten ... Randale eben.

Ich weiß nicht, ob das nur daran liegt, dass Pressefotografen dramatische Motive lieben, vielleicht soll damit der Protest auch vorsätzlich medial kriminalisiert werden. Tatsache ist, dass die Demonstrationen stets friedlich und gewaltfrei verlaufen. Am Ende knallen bei einigen Hitzköpfen mitunter die Sicherungen durch, und sie provozieren jene Zusammenstöße, die diese Bilder liefern. Diese Zusammenstöße mit den stark präsenten Carabineros sind von den meisten Demonstranten nicht gewollt, was auch den hohen Zuspruch im Land erklärt. Die jüngsten Meinungsumfragen zeigen, daß über 85 Prozent der chilenischen Bevölkerung mit den Forderungen der Studenten sympathisieren.

Sie sagten, die soziale Lage der meisten Chilenen sei unbefriedigend. Die Arbeitslosigkeit beträgt jedoch nur neun Prozent.

Offiziell. Tatsächlich ist sie fast doppelt so hoch. Wer nur eine Stunde in der Woche einer bezahlten Tätigkeit nachgeht, fällt aus der Statistik raus und gilt als nicht arbeitslos. Aber der unmittelbare Anlass der Volksbewegung waren nicht die sozialen Probleme, diese rücken erst jetzt ins Zentrum, eher hat es mit einem Lern- und Entwicklungsprozess zu tun. Und der begann mit den Kämpfen der chilenischen Studenten in den 90er Jahren gegen die von der Pinochet-Diktatur erlassenen Gesetze und für die Demokratisierung der Universitäten. Ein weiterer Meilenstein dieses Kampfes war die sogenannte *revolución pinguina*, die »Revolution der Pinguine«, vor fünf Jahren, als erstmals die Schulen massiv besetzt wurden.

Revolution der Pinguine?

Das ist eine Anspielung auf die schwarzweiße Uniform der Sekundarschüler. Die Besetzung von staatlichen, halbstaatlichen und privaten Bildungseinrichtungen 2006 war ein Reflex auf das miserable, reaktionäre Bildungssystem, das in den bis dahin 16 Jahren der Concertación, wie die Zeit des damals regierenden Mitte-Links-Parteienbündnisses genannt wurde, keine wesentliche Veränderung erfahren hatte. Dieses Bildungssystem war eine Erblast Pinochets. Am letzten Tag des Militärregimes – am 10. März 1990 – hatte Pinochet ein Bildungsgesetz, das *Orgánica Constitucional de Educación*, abgekürzt Loce, erlassen, das die Schulen dem »freien Markt« überantwortete. Die vermeintliche »Freiheit der Lehre« erwies sich schon bald als die Freiheit von Profiteuren, sich dort zu bereichern. Es existiert ein Bildungsbusiness. Dieses Bildungsgesetz und die 1980 verfügte *municipalización* – das heißt die Übertragung der Verantwortung der staatlichen Schulen auf die Kommunen – führte zu einer steten Verschlechterung der Bildung. Besser gestellte Gemeinden können sich gute Einrichtungen und Lehrer leisten, arme hingegen haben kaum Mittel, um den Lehrern einen Mindestlohn zu zahlen und die Schule instandzuhalten. Die Regierungen der Concertación haben wenig dagegen unternommen, sieht man von einigen kosmetischen Operationen ab, und auch ihr Nachfolger Pinera weigerte sich zunächst, die im Mai 2011 wieder auflebenden Proteste überhaupt zur Kenntnis zu nehmen.

Sebastián Pinera, seit 2010 Präsident und einer der reichsten Männer des Landes – das US-Magazin Forbes *schätzt sein Privatvermögen auf eine Milliarde US-Dollar ...*

Der landesweite Schülerstreik am 30. Mai vor fünf Jahren mit rund 800.000 Schülern und Studenten endete mit der Bildung einer Expertenkommission, die letztlich zu keinem Ergebnis kam. Die Dimension des Problems war weder begriffen noch beseitigt worden.

Natürlich kehrte danach zumindest oberflächlich Ruhe ein, doch unterschwellig gärte es weiter, es wurde diskutiert und dabei auch in die eigene Geschichte des

Landes geschaut. Von diesem Standpunkt aus wirken die Erfahrungen der Allende-Zeit und des Kampfes gegen die Diktatur Pinochets nach.

Nur ein Beispiel: Als seinerzeit die Allende-Regierung die Kupferminen verstaatlichte, fanden auch viele Chilenen, dass das zu weit gehe. Nachdem Pinochet alles wieder rückgängig gemacht hat, begreift heute die Mehrheit der Chilenen, dass die Enteignung der ausländischen Konzerne völlig richtig war. Denn: Chile ist mit etwa 30 Prozent an der Weltkupferproduktion beteiligt. Von den zehn größten Kupferminen der Welt befinden sich fünf in Chile. Die *Minera Escondida* – um nur ein Beispiel zu geben – gehört zu 57,5 Prozent einem australisch-britischen Unternehmen, zu 30 Prozent einem Konzern in Großbritannien, zu zehn Prozent einer japanischen Firma, und die restlichen 2,5 Prozent besitzt eine internationale Finanzgruppe. Etwa drei Viertel des chilenischen Exports ist Kupfer – aber Chile hat davon so gut wie nichts. Der unmittelbare Zusammenhang zwischen der nationalen Ausplünderung durch internationale Konzerne, der herrschenden politischen Verhältnisse in Chile, die solches erlauben, und der eigenen Lebenslage wird von immer mehr Chilenen begriffen.

Ein anderes Beispiel: Wir müssen nicht mehr über die Bedeutung der chilenischen Agrarreform und deren Notwendigkeit heute diskutieren. Bei euch in Deutschland muss ich auch nicht mehr erklären, dass die LPG, die Landwirtschaftliche Produktionsgenossenschaft in der DDR, ein Fortschritt war, obwohl seinerzeit viele Bauern sich zunächst dagegen wehrten. Schauen Sie sich die erfolgreichen Agrargenossenschaften heute an. Da begreift jeder, dass diese Entscheidung der SED damals richtig und vorausschauend war. Deshalb verstehe ich nicht, weshalb ausgerechnet in Ihrem Land diese Erfahrungen nicht positiv aufgenommen werden und mancher Ex-Genosse sogar meint, sich dafür rechtfertigen und entschuldigen zu müssen.

Sie haben die Struktur des Bildungssystems angesprochen, können Sie das ein wenig konkreter machen?
Etwa 60 Prozent der Schulen und Universitäten sind in der Hand privater Träger. Insgesamt wird nur ein Viertel des Bildungswesens vom Staat finanziert, drei Viertel müssen die Schüler und Studenten aufbringen, die sich oder/und ihre Eltern damit lebenslang verschulden. Jeder zweite Schüler besucht eine staatliche, also eine von der Kommune finanzierte Einrichtung, 42 Prozent lernen an halbstaatlichen und acht Prozent an privaten Schulen. Dort zahlt man umgerechnet 250 Euro und mehr für einen Monat Schulbesuch. Und diese Selektion über den Geldbeutel setzt sich fort. Die obligatorischen Aufnahmeprüfungen an den Universitäten bestehen fast alle Absolventen der Privatschulen, die von staatlichen Schulen scheitern zu fünfzig Prozent, nur jeder zweite schafft die notwendige Punktzahl.

Wie viele Universitäten gibt es in Chile?
Mehr als 60, aber die meisten – insbesondere die privaten – verdienen die Bezeichnung Alma mater eher nicht. Ich weiß, wovon ich spreche: Ich habe schließlich zwölf Jahre an der Leipziger Karl-Marx-Universität gearbeitet. Ich habe dort studiert, promoviert und auch gelehrt und weiß darum, wie ein ordentlicher Studienbetrieb aussieht, zumal ohne Studiengebühren, aber mit Stipendium.

Auch Michelle Bachelet, die von 2006 bis 2010 Präsidentin Chiles war und nun eine hohe Funktion bei der UNO bekleidet, hat in Leipzig studiert ...
Na ja, auch wenn sie wenig bis nichts am chilenischen Bildungssystem änderte, sollten wir nicht ungerecht sein, ich muss sie ein wenig in Schutz nehmen: In vier Jahren Präsidentschaft kann ein Einzelner nicht eine ganze Gesellschaft, die Milton Friedman und seine Chicago Boys grundlegend veränderten, umgestalten.

Der US-Ökonom Friedman traf sich 1975 mit Pinochet in Chile.
Der Mann machte Chile zum Labor für seine neoliberalen Wirtschaftsideen, hier setzte er erstmals mit Hilfe der hiesigen Oligarchie eine reaktionäre, unmenschliche Marktwirtschaft brutal durch, deren grandioses Scheitern wir derzeit weltweit beobachten. Ich denke, daß darum nicht zufällig in Chile dieser gesellschaftliche Aufbruch erfolgt.

Auch in London, Madrid, Tel Aviv und anderswo protestieren Menschen.
Das ist richtig. Der Unmut ist global, vielerorts erfolgt Auflehnung gegen dieses grausame System, Chile ist nur ein Teil des weltweiten demokratischen Proteste. Dennoch hat die Bewegung hier einen besonderen Charakter.

Inwiefern?
Ich sagte bereits, dass es scheinbar harmlos mit Schüler- und Studentenprotesten anfing. Diese richteten sich zunächst gegen das neoliberale Bildungssystem, gegen dessen Ungerechtigkeit und Ungleichheit. Die Schüler

und Studenten forderten Bildung für alle, was die Abschaffung der Schul- und Studiengebühren einschloss, einen Schülerausweis, der die Nutzung des öffentlichen Nahverkehrs jederzeit und nicht nur zu bestimmten Stunden und auf bestimmten Strecken gestattete, die Erhöhung der Lebensmittelrationen an den Schulen und dergleichen.

Daraus entwickelte sich schließlich die Forderung nach Abschaffung des bestehenden Bildungssystems. »Y va a caer, y va a caer, la educación de Pinochet!« – »Pinochets Bildungspolitik muss weg! Und sie muss weg!«, skandierte man im Juni auf den Straßen. Daraus entwickelte sich nach und nach eine Bewegung für demokratische Freiheiten und Rechte: das Recht auf Bildung, das Recht auf bezahlbare gesundheitliche Betreuung, das Recht auf Arbeit und angemessene Entlohnung, das Recht auf freie gewerkschaftliche Betätigung und so weiter. Deswegen schlossen sich den demonstrierenden Schülern und Lehrern wichtige gesellschaftliche Organisationen an, etwa die Konföderation der Arbeiter, Vereinigungen von Beamten, von Beschäftigten des Gesundheitswesens, von Umweltorganisationen und Tausende unabhängige Bürger. Die Demonstranten verlangen, daß mit der Bildung keine Profite mehr gemacht werden dürfen. Konkret fordern sie eine neue Verfassung, schließlich gilt noch immer die von Pinochet geschriebene, ferner ein neues Wahlgesetz, ein neues Steuerrecht und grundlegende Änderungen des Arbeitsrechts ...

Mit einem Wort: Sie fordern eine andere Gesellschaft.
So ist es. Auf dem Wege der Demokratisierung und der Reform soll Chile verändert und umgestaltet werden. Wie schon gesagt, Umfragen zufolge teilen etwa 85

Prozent der Chilenen die Forderungen der Schüler und Studenten, sie sympathisieren mit der Protestbewegung. Obwohl das natürlich nicht bedeutet, daß sozialer Wandel gleich zu haben sein wird.

Warum bricht dieser Veränderungswille derzeit mit solcher Wucht durch?

Das liegt daran, dass in den zwei Jahrzehnten Concertación, das heißt des Übergangs von der Militärdiktatur zur Demokratie, Stillhalten und Genügsamkeit eingefordert wurden. Man praktizierte eine Politik, wie es hieß, »im Rahmen des Möglichen«, einen Konsens zwischen den rechten Parteien und der Concertación. Damit wurden von den Herrschenden politischer Widerspruch und Protest kontrolliert oder verhindert.

Der Druck wuchs dennoch stetig, er war immer da. Auf diesem Weg gab es viele wichtige Streiks in den Kupferminen, von Waldarbeitern, Lehrern und von der Bewegung unserer indigenen Völker um ihre Rechte. Vor allem die nationalen Streiks, die von der CUT, dem chilenischen Gewerkschaftsbund, ausgerufen wurden, zeigten den flächendeckenden Unmut.

Deshalb bedurfte es nur eines auslösenden Impulses. Den haben die Schüler, Studenten und Lehrer geliefert – mit Witz und Ausdauer und neuen Protestformen. In den Demonstrationszügen agieren Schauspielertrupps, Trommler und Musikgruppen, bunt kostümierte Mädchen und Jungen, originelle Agitationstrupps, man singt und tanzt. Es gab einen 15-tägigen Marathon rund um die Moneda, den Präsidentenpalast, daran beteiligten sich rund um die Uhr 18.000 Läufer. Es finden Seminare statt, Schulen, Universitätsgebäude, werden kurzzeitig besetzt ... Vieles erscheint spontan, was es aber nicht ist.

Am 23. September waren wieder Hunderttausende auf der Straße – die Polizei sprach lediglich von 60.000 in Santiago, objektive Quellen nannten 180.000, was nach meinem Eindruck der Wahrheit sehr viel näher kam. Zur selben Zeit spreizte sich Pinera vor der UNO-Vollversammlung, er sprach von einem »noblen Anliegen« der Schüler und Studenten und kündigte eine »wirkliche Revolution« im chilenischen Bildungswesen an. Offenkundig war er ungenügend informiert, denn er wähnte die Protestbewegung bereits erledigt, nachdem an den drei Donnerstagen zuvor wegen der Trauer um die Opfer eines Flugzeugabsturzes vom 2. September die Teilnehmerzahlen rückläufig waren.

Ja, da hatte er sich verspekuliert. Und sein Bildungsminister Bulnes mußte die seit Wochen angekündigten Gespräche mit den Vertretern der Schüler, Studenten und Lehrer nun tatsächlich führen.

Die aber nichts brachten.

Es sei ein schwieriges Treffen gewesen, erklärte nach zwei Stunden der Vorsitzende der Lehrergewerkschaft Jaime Gajardo, übrigens ein wichtiges Mitglied unseres Politbüros. Es habe keine Annäherung der Standpunkte bezüglich der Reform des Bildungswesens gegeben. Man wolle aber weiter im Gespräch bleiben.

Die übliche Methode, ein Problem auszusitzen.
Das wird hier nicht funktionieren.

Wir sehen, dass Proteste dieser Art in anderen Ländern sich totlaufen, wenn sichtbare Erfolge ausbleiben.
Es gibt einen wesentlichen Unterschied, wie ich meine: große Teile der Bevölkerung verlangen politische Änderungen

Weil die Protestbewegung ein attraktives Gesicht hat: Camilla Vallejo?

Die 23-jährige Geographiestudentin stieg innerhalb von wenigen Wochen zu einer führenden Persönlichkeit auf, das stimmt. Sie gilt als Sprecherin und Anführerin der Protestbewegung, manche handeln sie bereits als Gegenkandidatin zu Pinera, und der britische *Guardian* befand, dass seit Subcomandante Marcos – dem Sprecher der Zapatistischen Armee der Nationalen Befreiung in Mexiko – kein Rebellenführer Lateinamerikas so bezaubert habe wie Vallejo.

Wo sie aufkreuzt, wird sie von Mikrofonen und Kameras bedrängt, die Talkshows reißen sich um sie. Doch sie ist nicht nur hübsch, sondern auch argumentativ sehr überzeugend. Angriffe und Denunziationen, etwa sie sei Kommunistin, folge nur den Weisungen des Politbüros und wolle kubanische Verhältnisse schaffen, begegnet sie offensiv: Neben ihrer Unterstützung des kubanischen Prozesses kämpfe sie dafür, dass es den Chilenen besser geht als derzeit den Kubanern, denn dort gebe es, aus verschiedenen Gründen, noch keinen Kommunismus. Das ist, wenn man den Satz sehr aufmerksam liest, sehr dialektisch gedacht.

Folgt sie den »Weisungen des Politbüros«?

Natürlich hat sie einen eigenen Kopf zum Denken. Sie ist aber, das trifft zu, seit ihrem 18. Lebensjahr Mitglied des Jugendverbandes unserer Partei, der Juventudes Comunistas de Chile, und wurde zuletzt als Mitglied in dessen Zentralkomitee gewählt. Außerdem ist Camila die Präsidentin der Studentenvereinigung der Universität von Chile (FECh) und Sprecherin der Confederación de Estudiantes de Chile (Confech), des Verbandes der Studierenden der traditionellen Universitäten Chiles. Doch diesem organisierenden Zentrum gehören auch andere, nichtkommunistische und kommunistische Studentenführer an, etwa Giorgio Jackson, Kopf der Studentenvereinigung der Päpstlichen Katholischen Universität von Chile, oder Camilo Ballesteros, Chef der Studentenvereinigung der Universidad de Santiago de Chile, um nur zwei zu nennen.

Aber Sie wollen doch nicht bestreiten, dass die KP einen gewissen Einfluss auf die Proteste hat? Als sich beispielsweise einige Parlamentarier unter die Demonstranten begaben, wurden sie ausgepfiffen und herausgedrängt. Die drei einzigen Parlamentsabgeordneten der KP hingegen wurden mit Beifall aufgenommen.

Das trifft zu. Die Akzeptanz der Politik unserer Partei ist groß, auch der Zuspruch. Wir haben konstatiert, dass die breite soziale Bewegung Träger unserer historischen Politik ist. Täglich schließen sich viele neue Mitglieder uns an, darunter sind viele Rückkehrer. Nicht zu reden von den vielen Kommunisten ohne Parteibuch, die mit uns jahrzehntelang sehr konsequent gegen den Neoliberalismus gekämpft haben. Ich glaube, dass unsere Ausdauer jetzt Früchte trägt. Was Marx im »Achtzehnten Brumaire des Louis Bonaparte« 1852 schrieb, ist auch auf uns anwendbar: »Brav gewühlt, alter Maulwurf!« Darauf sind wir mit Recht ein wenig stolz.

Die Protestbewegung ist sehr breit, das wird eventuell politische Probleme geben.

Natürlich. Von den Ultralinken über Anarchisten und Trotzkisten ist alles vertreten, sie haben oft andere Vorstellungen über Strategie und Taktik als wir. Wir haben aber dazugelernt. Im Übrigen ist diese Protestbewegung keine kommunistische und keine exklusiv von Kommunisten gesteuerte, das will ich deutlich sagen.

Aber der Maulwurf arbeitet.

Ja, sicher. Manchmal hören wir Vorwürfe der Art: Warum wart ihr nicht bei der und der Veranstaltung? Alle waren da, nur ihr, die Kommunisten, habt gefehlt. Ich antwortete darauf: Wer hat die Saalmiete übernommen, die Flugblätter gedruckt, die Transparente besorgt, den Busfahrer bezahlt? Unsere politischen Kader arbeiten eng mit den sozialen Organisationen zusammen und stellen ihre Erfahrung als Organisatoren zur Verfügung.

* Veröffentlicht in der jungen Welt *am 8. Oktober 2011 in der Wochenendbeilage*

Inhalt

Einführung 5
Wie wird man Ministerin? 25
Eine Schule für alle 37
Weltlich, unentgeltlich, staatlich und einheitlich .. 51
Militarisierung der Schule? 67
Mal eine Zwischenbilanz 75
Erziehung der Erzieher 87
Vorschulerziehung 99
Vaterländische Erziehung 111
Kultur: jeder zweite Herzschlag unseres Lebens .. 125
Geschichtsunterricht 141
Strippenzieher und Heuchler 157
Was bleibt? 169
Auf die Barrikade oder: Abwarten, was kommt? .. 179
»Camilla – das ist die Zukunft.«
Ein nachträglicher Exkurs 189
»Brav gewühlt, alter Maulwurf!« 211